공부법 Q

초판 1쇄 인쇄 2019년 12월 5일
초판 1쇄 발행 2019년 12월 15일

기획	EBS MEDIA
지은이	EBS 공부법 Q 제작진
펴낸이	백영희
편집	북앤미디어 디엔터
마케팅	허성권
디자인	지노디자인 이승욱
제작	미래상상
펴낸곳	(주)그린하우스
등록	2019년 1월 1일(110111-6989086)
주소	강남구 강남대로 62길 3, 8층
전화	02-6969-8929
팩스	02-508-8470
©	EBS, All right reserved
ISBN	979-11-90419-09-3 43370

EBS ◉• 공부법 Q

EBS 공부법 Q 제작진 지음

GREEN
HOUSE

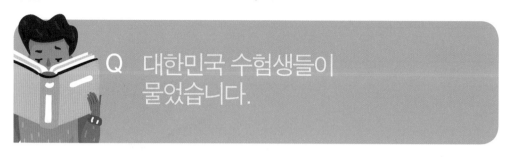

Q 대한민국 수험생들이
물었습니다.

"시험 볼 때 시간이 부족해요. 어떡하죠?"

"고전 문학은 무슨 말인지 하나도 모르겠어요."

"과학이나 기술 지문이 너무 어려워요."

"공부한 문제인데도 살짝 바뀌면 아예 다른 문제 같아요."

"문제를 풀 때 어떤 개념이 필요한지 모르겠어요."

"계산 실수를 많이 해요."

"영어 단어, 어떻게 외워야 해요?"

"문법 개념을 공부해도 해석이 잘 안 돼요."

"해석을 했는데도 도대체 무슨 말인지 모르겠어요."

"개념은 아는데 문제를 풀면 어려워요."

"용어 정리와 내용 암기를 잘하는 방법은 없나요?"

"사회 자료 분석을 쉽게 하려면 어떻게 해야 해요?"

"물리 문제를 잘 푸는 비법 좀 알려 주세요."

"연계 교재 최상의 정리 방법이 궁금해요."

"수능 생명과학을 30분 안에 풀기가 너무 힘들어요."

"성적을 올리려면 어떻게 해야 할까요?"

공부를 하지 않을 때는 몰랐던 것들이 오히려 공부를 하다 보면 궁금한 것들이 하나둘씩 생겨나기 마련입니다.

하지만 정작 내가 궁금한 것은 답해 주는 친구도 없고, 그럴 때마다 학교 선생님을 찾아가기도 어렵습니다.

A   대한민국 영역별 대표 강사님들이 답을 주셨습니다.

〈공부법 Q〉는 우리 학생들의 답답한 공부 고민을 조금이라도 덜어 주고자 EBSi 대표 강사들이 의기투합하여 만들어졌습니다. EBSi를 통해 공부한 여러분의 선배들이 남긴 수강 후기와 Q&A 게시판을 통해 질문했던 내용 중 꼭 필요한 것들만 모았습니다. 여기에 더해서 다년간 교육 현장에서 학생들의 공부 고민을 지켜보고 지도해 온 선생님들의 현장 내용도 고스란히 담았습니다.

학생들의 공부 고민을 내신, 수능, 기출로 나누고 영역별로 세분화하여 더욱 구체적인 사례를 중심으로 그 해결책을 제시했습니다. 단언컨대 대한민국에서 이보다 더 구체적인 공부법은 없습니다. 공부를 시작하려는 학생이라면 이 책을 바이블처럼 옆에 두고 필요할 때마다 찾아본다면 가려운 등을 긁어 주듯 여러분의 공부 고민을 시원하게 해결해 줄 것입니다.

차례

UNIT 01

내신 공부법

내신 1등급의 비밀, 그것을 알려 주마

조은희   EBSi 과학탐구영역 강사(現) | 방산고등학교 교사(現) | 이화여자대학교 생물교육과 졸업

"

중학교 내신 공부와 고등학교 내신 공부의 가장 큰 차이점은 바로 '얼마나 깊이 공부하느냐'이다. 중학교 내신 공부 방법을 '수박 겉 핥기'에 비유한다면 고등학교 내신 공부 방법은 '수박씨 발라먹기'이다. 중학교 때 공부 방법을 고등학생이 되어서도 버리지 못한다면 좋은 내신 성적을 기대하기 어렵다. 그렇다면 좋은 내신 성적을 받는 것이 왜 중요할까? 고등학교에서 좋은 내신 성적을 받기 위해서는 어떻게 공부해야 할까?

1학년 내신 성적 1.1등급, 2학년 내신성적 1.2등급, 3학년 내신 성적 1.2등급의 우수한 성적으로 연세대 치과대학에 수시 전형으로 합격한 선배와의 대화를 통해 내신 1등급의 비법에 대해 파헤쳐 보자.

"

Q1   고등학교 내신이 왜 중요한가요?

✔ 수시 전형의 비중이 70% 이상으로, 정시 전형에 비해 폭이 넓다!

✔ 수시의 각 전형에서 내신의 비중이 높다!

대입 전형은 크게 정시 전형과 수시 전형으로 나눌 수 있다. 해를 거듭할수록 수시 비중이 증가하면서 2019년 기준으로 76% 정도가 수시 전형을 통해 대학에 입학했다. 그런데 이 수시 전형의 가장 기본적인 근간이 바로 내신 성적이다. 수시 전형은 학생부 교과 전형, 학생부 종합 전형, 논술 전형, 적성 전형 등 매우 다양하지만, 각 전형에서 기본적으로 내신이 일정 수준 이상을 넘어야 각 대학에 지원할 수 있기 때문이다. 따라서 고등학교 재학 기간 중 내신 관리의 중요성이 더욱 부각되고 있다.

구분	수시 모집		정시 모집		계(명)
	모집인원(명)	비율(%)	모집인원(명)	비율(%)	
2019학년도	265,862	76.2	82,972	23.8	348,834
2018학년도	259,673	73.7	92,652	26.3	352,325
2017학년도	248,669	69.9	107,076	30.1	355,745

Q2 내신 성적은 어떻게 산출되나요?

✔ 내신 성적은 지필평가와 수행평가의 합이다!

✔ 1~9등급까지 상대평가로 결정된다!

내신 성적은 크게 지필평가와 수행평가로 나눌 수 있다. 지필평가는 1년에 네 번 치러지는 중간/기말고사 시험이고, 수행평가는 과목별로 다양한 주제와 평가 방법으로 비정기적으로 치러지게 된다. 내신 성적은 이 지필평가와 수행평가 점수를 비율로 반영하여 합산한 뒤, 백분위를 내어 1~9등급까지 산출하게 된다. 내신 9등급표(아래)를 참고할 때, 전교생 100명 중 1등급 인원은 4명이 된다는 것을 알 수 있다.

등급	1	2	3	4	5	6	7	8	9
누적 비율	~4%	~11%	~23%	~40%	~60%	~77%	~89%	~96%	~100%
100명당	4명	11명	23명	40명	60명	77명	89명	96명	100명

Q3 지필고사 시험을 준비할 때는 보통 몇 주로 잡고, 과목별로 어떤 계획을 세우면 좋을까요?

☑ 평소에는 국, 영, 수 위주로 공부, 3~4주 전부터 탐구 과목도 병행해라!

☑ '양치기' 필요-최대한 많은 문제를 풀어 보고 여러 번 반복해라!

지필고사 시험 준비는 평소부터 조금씩 해야 한다. 특히, 시험 범위가 넓고 단위 수가 높은 국, 영, 수 과목의 경우에는 절대적인 공부량이 중요하므로 평소에도 학교 수업 진도에 맞춰서 공부하는 것이 필요하다.

본격적인 지필고사 준비는 최소 3주, 최대 4주가 적당하다. 과목별로 3, 4주간의 계획표를 작성하고 집중적으로 지필고사 준비를 하면 되는데, 모든 과목의 기본적인 공부는 '양치기'이다. 즉, 최대한 많은 문제를 풀어 보고 관련 개념들을 최대한 여러 번 읽어 보면서 내용을 익히는 것이 중요하다.

국, 영, 수의 경우에는 기본 개념 정리 후 많은 문제 풀이를 해 보며 다양한 유형을 파악하는 것을 추천한다. 고등학교 내신 시험에서는 단순 암기력이 필요한 문제와 수능 유형의 사고력을 묻는 문제도 함께 출제되기 때문에 다양한 문제 풀이를 통해 대비해야 한다. 단, 과학탐구와 사회탐구처럼 암기해야 하는 과목들에 한해서는 문제 풀이에 치중하기보다는 교과서 여러 번 읽기를 추천한다. 모든 내신 시험 문제는 교과서를 기반으로 하기 때문에, 교과서 지문을 모두 이해하고 교과서의 그림, 표, 자료 등을 꼼꼼히 분석한다면 고득점을 얻을 수 있다.

Q4 학교 수업 내용과 교과서는 어떻게 정리해야 하나요?

✔ 내신 시험은 교과서 내용과 선생님 말씀을 기반으로 출제됨을 명심해라!

✔ 개념의 '단권화' 필요-나만의 '단권화 노트'를 추천한다!

모든 내신 시험 문제는 교과서 내용과 수업 시간에 선생님께서 설명한 내용을 기반으로 출제된다. 따라서 학교 선생님께서 수업하실 때 집중하는 것은 물론이고, 선생님의 말씀 중 교과서에 없는 내용은 되도록 모두 필기하여 혼자 공부할 때 다시 보기를 권장한다.

다음 단계로 수업 내용을 정리할 때 가장 중요한 점이 바로 '단권화'이다. 자신이 공부하는 책 또는 노트를 하나로 통일시키는 것이다. 예를 들어, 교과서로 '단권화'를 한다면 다른 노트에 필기한 내용을 모두 교과서로 옮겨 적은 후 이 교과서로만 공부하면 된다. 각 내용을 교과서로 옮겨 적는 것만으로도 공부가 된다. 이후 3~4회 정도 정독한다면 학교 수업 내용을 충분히 소화할 수 있게 된다.

Q5 지필고사 대비 인터넷 강의를 고르는 방법과 인터넷 강의 활용법은요?

✔ 자신의 수준에 맞는 인터넷 강의를 고르는 것이 중요하다!

✔ 방학 중에는 예습, 학기 중에는 복습을 목적으로 들어라!

인터넷 강의를 들을 때 가장 고려해야 할 점은 자신의 수준과 시기에 맞는 강의를 고르는 것이다. 간혹 무슨 강의인지도 모르고 공부 잘하는 친구가 듣는 강의를 그대로 따라 듣는 경우가 있는데, 친구 말에 휩쓸리기보다는 현재 자신의 수준과 시기에 적합한 강의를 듣는 것이 좋다. 예를 들어, 생명과학 내신 개념이 제대로 잡혀있지 않는데, 수능 실전 문제 풀이 강의를 듣는다면 무슨 소용이 있을까? 자신의 수준과 시기에 맞는 강의를 찾아서 들어야 부족한 개념을 보완할 수 있고 그다음 단계로 나아갈 수 있다.

EBSi에서는 이러한 수준별, 시기별 강의를 과목별로 선택하여 들을 수 있는 장점이 있다. 방학 중에는 학기 중에 배울 내용을 미리 빠르게 예습할 수 있는 '단기 특강' 듣기를 추천한다. 왜냐하면 인터넷 강의를 통한 선행 학습으로 수업의 이해도를 높이고, 학기 중 수업 시간이 되면 미리 학습했던 내용과 연관 지어 기억할 수도 있기 때문이다. 그리고 시험 준비 기간에는 '시험 대비 특강'을 통해 배운 내용을 빠르게 정리하고 모르는 부분을 보충하는 목적으로 인터넷 강의 듣기를 추천한다.

Q6 내신 문제집은 어떻게 골라야 하나요?

✔ 최대한 많은 문제집을 풀어 보는 것이 좋다!
✔ 저렴하면서 문제의 퀄리티가 높은 EBS 교재를 추천한다!

문제집을 고르기보다 최대한 많은 문제를 풀어 보길 권한다. 많은 문제를 풀수록 부족한 개념을 확인하고 다양한 유형도 접하게 되며, 암기 과목의 경우에는 저절로 외워지는 부분도 많기 때문이다. 따라서 고득점을 노리는 학생일수록 '시중에 있는 모든 문제집을 풀겠다!'라는 각오로 공부에 임하면 좋겠다.

다만 문제집을 고르는 데 있어서 우선순위는 있다. 교잿값이 저렴하면서도 문제의 질이 좋은 문제집이 좋은 문제집의 조건이라고 할 수 있는데, 그 두 조건을 동시에 만족하는 문제집이 바로 EBS에서 집필하고 출판하는 교재이다. 고1 때는 올림포스

(국어, 영어, 수학)나 개념완성(사회, 과학) 교재를, 고2, 3 때는 과목별로 수능 특강과 수능 완성 교재를 우선 푸는 것이 좋다. 특히, 수능 특강과 수능 완성 교재는 수능 연계 교재로서 수능까지 준비할 수 있으니 단연코 가장 우선으로 풀어야 할 문제집이다.

Q7 과목별로 출제되는 수행평가의 유형은 어떤 것들이 있으며, 수행평가는 어떻게 관리해야 하나요?

✔ 학교별/과목별로 다양한 방법으로 평가한다!

✔ 과목별 평가 준거를 잘 참고하여 준비해라!

수행평가의 유형은 각 과목 선생님의 재량마다 모두 달라서 평가 준거를 꼼꼼히 읽어 보고 참고하여 준비하는 것이 중요하다. 예를 들어, 국어에서는 '추천 도서를 읽고 독후감 서평 쓰기', 영어에서는 '영어로 자신의 꿈 발표하기', 생명과학에서는 '혈액형 판정 실험 보고서 작성하기' 등 과목별로 다양한 방법으로 수행평가가 시행될 수 있다. 또한, 영역별로 평가 준거가 수행평가 계획에 명시되어 있기 때문에 이를 확인하고 준비하는 것이 중요하다. 나는 고3 때 생명과학II 보고서 수행평가를 했었는데, 평가 준거를 제대로 확인하지 않고 보고서를 작성하여 감점되었던 아찔한 기억이 있다. 과목별 평가 준거를 꼼꼼하게 확인하고 수행평가 기간에 이를 반영하여 대비하기를 당부한다.

일반적으로 모든 과목 수행평가에 포함된 항목이 '수업 준비도'이다. 프린트 정리 또는 준비물 지참을 통해 수업 준비도를 평가하게 되므로 기본적인 수업 준비만 잘한다면 만점을 받을 수 있는 항목이다. 또한, 과목별로 수행평가 공지가 된 이후 보통 1~2주 정도의 준비 기간을 주는데, 이 시기에는 다른 공부보다 수행평가를 집중적으로 준비하는 것이 현명하다. 과목별 수행평가가 집중되어 준비 기간이 겹치는 시기에는 수행평가 계획표를 작성하여 준비를 놓치는 일이 없었으면 좋겠다.

Q8 자신만의 공부법이 있다면 소개해 주세요

✔ 과목별 단권화, 방대한 양의 문제 풀이가 공부법의 핵심이다!
✔ '스트레스받지 않고 공부하기'도 중요하다!

앞에서 언급했듯이 '과목별 단권화'와 '방대한 양의 문제 풀이'가 필자 공부법의 핵심이다. 여기에 나만의 공부법을 추가한다면 바로 '스트레스받지 않고 공부하기'이다. 공부를 오랫동안 하면서 느낀 바로는 가장 양질의 공부를 할 수 있는 환경은 '나는 행복하고 여유로운 마음이야'라고 생각하는 것이다. 즉, '나는 꼭 좋은 대학에 가야 한다'라는 부담과 압박감을 떨쳐 버리고, 공부를 '자신의 기나긴 인생에 있어서 잠깐 스쳐 지나가는 무언가'라고 생각하며 마인드 컨트롤을 해 보길 권한다. 부담감을 떨쳐 버릴수록 지금껏 했던 공부보다 더 양질의 공부를 할 수 있을 것이다.

하지만 인간이기에 다른 욕구들을 억누르고 공부를 하다 보면 스트레스를 받을 수밖에 없다. 그 누구든 1년 365일 공부만 한다면 더는 버티지 못하고 병이 날 것이다. 그래서 나는 공부할 때는 확실하게 공부하고, 가끔 여유 시간을 만들어 열심히 공부한 나에게 스스로 상을 주며 스트레스를 해소했다. 보고 싶었던 영화도 보고, 먹고 싶었던 음식도 먹고, 친구들과 함께 축구 한 게임 하면서 그때그때 스트레스를 해소한다면 다음 날은 훨씬 더 공부에 집중하게 될 것이다.

Q9   시험 전날에는 보통 어떻게 공부하나요?

✔ 새로운 문제를 풀기보다는 오답 체크를 통해 멘탈을 관리해라!

시험 전날 가장 중요한 건 공부보다 멘탈 관리이다. 괜히 새로운 문제를 풀어서 멘탈이 산산조각 나는 것보다 평소 공부하던 폼을 유지하는 것이 가장 중요하다. 따라서 기존에 풀었던 문제집에서 오답 위주로 체크하며 시험 전 마지막 점검을 추천한다. 한 번 틀렸던 문제는 시험에서 또 틀릴 가능성이 크기 때문에 여러 번 반복해서 푸는 것이 좋다. 또한, 암기 과목의 경우에는 시험 보기 직전까지 단권화 교과서 또는 단권화 노트 내용을 반복하며 주요 내용 확인하기를 추천한다. 시험 직전 쉬는 시간에도 정답을 맞혀 보거나 친구와 잡담을 하기보다는 혼자서 단권화 노트를 보며 마지막까지 스스로 개념을 확인하는 것을 추천한다.

마지막으로 후배들에게 해 주고 싶은 말은?

이제 막 고등학교에 올라가는 친구들이 불안감을 느끼는 것은 당연하다. 고등학교에서의 첫 시험을 목전에 두고 있기도 하고, 주변으로부터 공부해야 한다는 무언의 압박이 슬슬 느껴지는 시기이기 때문이다. 하지만 본인뿐 아니라 모두가 불안해하고 모두가 아직은 어설픈 시험이 고등학교 1학년 1학기 첫 중간고사이다. 그러니 부담 갖지 말고, 스트레스받지 말고, 이 상황을 그대로 받아들여서 천천히 준비해 보자. 후배님들, 모두 파이팅!

3등급에서 1등급, 그 비결이 궁금해

"

'고등학교 1학년 내신을 망쳤어요. 수시를 포기해야 할까요?' 1학년 성적표를 받은 후 학생들이 가장 많이 질문하는 내용이다. 하지만 고등학교 1학년 내신은 수시 학생부에서 비교적 작은 부분을 차지하고, 고2, 3 때 만회할 기회가 충분하므로 아직 포기하기는 이르다. 그렇다면 자신의 공부 방법에서 무엇이 잘못되었으며, 공부 방법을 어떻게 개선해야 내신 성적이 향상될 수 있을까?

고등학교 1학년 때 3등급 후반에서 3학년 때 1등급 중반까지 성적을 향상시켜 가천대 경영학과에 수시 전형으로 합격한 선배와의 대화를 통해 그 비결을 들어보자.

Q1   고1, 2, 3으로 갈수록 성적이 향상되었다고
        들었는데, 성적이 얼마나 향상되었나요?

고1 때는 국어, 영어, 수학 성적 모두 4등급 이하의 수준이었다. 영어 과목의 경우 5
등급이 나온 적도 있었다. 그런데 학년이 올라가면서 전 과목 모두 꾸준히 성적이
상승하였고, 그 결과 고등학교 3학년 1학기에는 문과 계열에서 전교 2등까지 할 수
있었다.

Q2   고1 때, 고2, 3에 비해서
        성적이 안 좋았던 이유는 무엇일까요?

고1 때는 나름대로 공부를 열심히 했다고 생각했다. 종합 학원도 다니고 시험 기간

에는 독서실도 다니며 나름대로 시험 공부도 했다. 그런데 고3 때 공부한 것에 비교해 보면, 고1 때는 공부를 거의 안 한 수준이나 마찬가지였다. 중학교 때도 그랬지만 유독 고1 때는 공부하는 것보다 친구와 노는 것이 좋았고, 수업 시간에 선생님 말씀을 귀담아듣지도 않았다. 그러다 보니 시험 기간에 혼자 공부를 하다 보면 무슨 내용인지 이해가 가지 않아 막막하기 일쑤였다. 그래서 미련하게 무작정 다 암기하며 공부하게 되었고 짧은 시간 안에 공부하려니 제대로 소화할 수도 없었다. 이 이유 때문인지 공부해야 할 양이 훨씬 더 많아지는 것 같았다. 매 과목 시험을 볼 때마다 한꺼번에 암기했던 것이 머릿속에서 다 섞여 시험을 망치게 되고 성적도 저조했다.

Q3 후배 중에서 1학년 내신을 망쳤다고 좌절하는 친구들이 많은데, 수시를 포기하지 않고 계속 내신을 준비하게 된 이유는 무엇이었나요?

✔ 고1 내신 성적만으로 수시를 포기하는 것은 시기상조이다!

✔ 사회 과목 만점 경험을 통해 자신감을 회복했다!

나도 고등학교 1학년 내신 성적표를 받고 나서 후배들과 같은 생각을 했다. '1학년 때 공부를 안 한 것도 아닌데, 왜 항상 등급이 낮게 나올까?'라고 생각하며 속상했고 좌절 또한 많이 했다. 그래서 '수시를 포기하고 정시에 지원할까?'라는 생각도 해 보았는데, 최근 들어 정시 선발 인원은 줄어들고 수시 선발 인원이 증가하는 추세라 다시 한 번 생각해 보게 되었다. 또, 수시 학생부에서 1학년 내신이 차지하는 비중이 20% 정도이거나 전형별로 상위 몇 과목만 학생부 성적에 반영되는 대학이 있다는 사실을 알게 되면서 나머지 2, 3학년 때 충분히 만회할 수 있겠다는 생각이 들었다.

또한, 1학년 2학기 때 한 번 사회 과목에서 만점을 받은 적이 있었는데, 이 일을 계기로 전보다 자신감이 생기게 되었고 '나 자신을 한 번 더 믿어 보자!'라는 생각을 했다. 그 결과 수시를 끝까지 포기하지 않게 되었다.

Q4 고2, 3으로 갈수록 점점 성적이 오른 비결이 무엇이었나요?

✔ 선생님의 수업에 집중하는 것이 가장 중요하다!

✔ 공부의 습관화, 과목별 요약 노트가 성적 향상의 비결이다!

고1 때 소위 '벼락치기'로 짧은 시간 내에 방대한 내용을 공부했던 방법을 완전히 뒤집었다. 우선 잘못된 공부 방법을 바로 잡기 위해 수업 시간에 임하는 자세부터 바꾸었다. 2학년 때부터는 맨 앞자리에 앉아 과목별 선생님의 수업을 누구보다 열심히 들었다. 수업 중 선생님께서 말씀하시는 내용을 모두 받아 적고, 중요한 부분은 따로 체크하여 방과 후에 매일 복습했다. 그렇게 하루도 빠짐없이 복습하다 보니 매일의 공부가 습관이 되었고, 스스로 개념을 다시 정리하면서 부족했던 개념들도 그날그날 채워 넣을 수 있었다.

수업 중에 필기하는 습관을 기르니 중요한 내용만 따로 정리하는 요약 노트까지 만들게 되었다. 매일 수업 중에 배운 내용을 그 날 정리해 두고, 시험 기간에는 요약 노트를 중심으로 개념을 반복했을 뿐인데 성적이 놀랍도록 향상되어 언젠가부터는 과목별 요약 노트를 모두 만들게 되었다. 이렇게 매일 과목별로 배운 내용을 게을리하지 않고 요약 노트로 만들어 정리한 결과, 성적이 고2, 3으로 갈수록 계속 향상되었다.

Q5 내신 시험을 준비할 때는 어떻게 계획을 세웠나요?

✔ 평소 만들어 놓은 요약 노트를 바탕으로 시험 4주 전부터 개념을 익혀라!

✔ 시험 2주 전 ▶ 문제 풀이 집중

시험 1주 전 ▶ 오답 문제 위주 복습, 암기 과목 암기

앞에서 언급했듯이 그 날 배운 내용은 그 날 공부하는 편이었다. 그래서 정확한 시험 준비 기간은 따로 없었다. 다만 평소에 정리해 놓은 요약 노트를 바탕으로 시험 한 달 전부터 국, 영, 수 시험 범위 내용을 여러 번 복습했다. 예를 들어, 국어의 경우에는 작품별로 작품의 주제, 성격, 주요 내용을 정리했고, 수학의 경우에는 교과서 요약 노트에 핵심 개념을 정리하고 교과서 문제들을 여러 번 반복해서 풀이했으며, 영어의 경우에는 주요 단어와 문법을 정리하고 본문을 달달 외우다시피 여러 번 반복하며 공부했다.

그리고 시험 2주 전부터는 과목별로 다양한 문제를 풀어 보며 문제 유형을 파악했다. 시중에서 구할 수 있는 문제들을 최대한 많이 풀면서 개념도 다시 한 번 확인하려고 했다. 이렇게 하다 보니 자연스레 부족한 점을 채울 수 있었다.

시험 1주 전에는 틀린 문제를 한 번씩 더 풀며 다시는 틀리지 않도록 꼼꼼히 오답 체크를 했다. 그리고 사회, 과학과 같은 암기 과목의 경우에는 평소에 미리 정리해 놓은 요약 노트를 시험 1주 전부터 여러 번 반복하면서 달달 외우는 것이 효과가 좋았다.

Q6 내신 성적을 올리기 가장 힘들었던 과목은 무엇이었으며, 어떻게 극복했나요?

✔ 성적이 낮아도 '할 수 있다'라는 자신감이 중요하다!

✔ 주요 문장과 문법 암기를 통해 영어 성적이 향상된다!

나는 영어 과목에 가장 취약했고 등급이 오르지 않은 과목이었다. 하지만 영어 공부에 더 많은 시간을 투자하고 더 열심히 공부한다면 분명 스스로 해낼 수 있을 거라고 생각했다. 그래서 지문마다 단어, 문법, 문장순으로 살펴보며 꼼꼼하게 공부하려고 노력했다. 예전에는 지문을 대충 읽고 확실한 답이 아니더라도 맞으면 넘어가곤 했는데, 영어 공부를 제대로 시작한 후부터는 한 지문을 30분이 걸리더라도 꼼꼼하게 해석하려고 했다. 중요한 문장이나 문법은 다 암기했고 책에 나와 있는 것 외에 중요 문장이나 문법을 이용한 응용문제도 모두 찾아보며 공부했다. 그렇게 꾸준한 노력을 바탕으로 결국 영어 성적도 오르게 되었다.

Q7 고3 때는 수능 준비의 부담도 커지는 시기인데, 고3 1학기 동안 내신과 수능의 밸런스를 어떻게 맞추었나요?

✔ 매일매일 학교에서 배운 내용을 복습하며 내신을 대비해라!

✔ 모의고사 문제 변형을 통해 내신과 수능을 동시에 준비해라!

고3 때도 수업 시간에 배운 내용을 그날그날 정리하며 내신 준비를 게을리하지 않았다. 수시에 초점을 맞추며 준비했지만 수시 합격이 보장되지는 않았고, 최저 학력

기준이 필요한 수시 전형도 있었기 때문에 정시 준비도 게을리할 수 없었다. 따라서 고3 때는 매주 계획표를 세분화하여 국, 영, 수 모의고사 문제와 수능 기출문제 풀이를 내신 공부와 병행하며 내신과 수능 공부를 동시에 하려고 노력했다. 특히, 과목별 모의고사 문제집에서 내신 시험 범위에 들어가는 부분들을 짜깁기하여 풀어 보는 방법을 추천한다.

Q8 만약 고2, 3 내신도 좋지 않다면 수시를 포기해야 할까요? 만회할 수 있는 다른 전형은 없을까요?

✔ 상대적으로 내신 반영이 적은 적성 전형과 논술 전형을 고려해 보라!

내신 성적의 비중이 높은 학생부 교과나 학생부 종합 전형 외에도 수시에는 여러 가지 전형이 있다. 예를 들어, 적성 전형 같은 경우에는 내신 성적을 반영하기는 하지만 적성고사 점수가 꽤 큰 비율을 차지하기 때문에 내신 점수가 좋지 않아도 두려워하지 말고 지원을 고려해 보았으면 좋겠다. 또한, 논술 전형의 경우에도 논술고사의 비중이 높으므로, 논술 전형이 있는 대학들의 모집 요강을 참고하여 준비해 보는 것도 좋겠다. 이렇게 수시에는 다양한 전형들이 있으니 잘 알아보고 자신에게 적합한 전형을 찾아 지원하기를 바란다.

Q9   자신만의 공부법이 있다면 소개해 주세요

✔ 미루지 않고 그때그때 복습하는 것이 중요하다!

✔ 자신만의 요약 노트 만들기를 추천한다!

나만의 방법은 아니지만 가장 중요한 것은 바로 '복습'이다. 하루라도 미루면 다음 날 공부해야 할 양이 많아지고, 이런 악순환이 계속 반복되다 보면 결국 벼락치기가 되고 만다. 특히, 고등학교 3학년 때는 내신 공부와 수능 공부를 병행해야 하므로 미루지 않고 미리 복습하는 것이 가장 중요하다.

또한, 과목별로 자신이 직접 필기한 요약 노트 만들기를 추천한다. 요약하면서 한 번 더 내용 정리도 할 수 있고, 내신 시험과 모의평가 전 빠르게 복습할 때 요긴하게 쓰일 수 있다. 그리고 나중에 깔끔히 완성된 노트를 보면 뿌듯함과 보람도 느끼고 공부에 대한 흥미 또한 더욱 커지게 될 것이다.

마지막으로 후배들에게 해 주고 싶은 말은?

나도 고등학교 재학 시절에 좌절한 적도 많고 속상해서 운 적도 많았다. 최선을 다해 열심히 노력했는데도 노력한 만큼 결과가 좋지 않아 좌절하는 후배들이 많을 텐데, 그래도 끝까지 포기하지 말고 미래의 목표를 향해 도전해 보자. 지금까지 한 노력이 물거품이 되지 않도록 마지막까지 최선을 다해 원하는 목표를 꼭 이루길 진심으로 바란다. 후배님들, 모두 파이팅!

UNIT 02

영역별 공부법

국어

국어 Q1

수능 1교시 시간 부족에 대한 걱정 철회 솔루션

김철회 EBSi 국어영역 강사(現) | 성신여자고등학교 교사(現) | 고려대학교 국어국문학과 졸업

"

수능 1교시 국어 시험을 어떻게 보느냐가 수능 전 과목 시험에 미치는 영향은 적지 않다. 그래서 수능 1교시를 잘 치르는 것은 매우 중요하다. 그렇다면 수능 1교시를 잘 치르기 위해서 우선으로 갖추어야 할 능력은 무엇일까? 그것은 바로 시간 관리 능력이다. 1교시부터 시간 부족에 어려움을 겪으면 시험 결과가 좋을 수 없고, 그로 인해 집중력이 흐트러져 다른 과목 시험을 보는 데도 어려움을 겪을 수 있다. 1교시에 시간 부족을 겪지 않기 위해 수능 시험일 아침부터 1교시 시험을 치르는 동안 유의해야 할 점은 무엇일까? 이에 대해 알아본 후, 시간이 부족하지 않기 위해 어떻게 국어 공부를 해야 하는지 살펴보자.

"

Q1 시간이 부족하지 않은 1교시 만들기

수능 날 아침, 긴장감을 완전히 떨쳐 버릴 수는 없다. 어느 정도의 긴장감은 오히려 시험에 대한 집중도를 높여 줄 수 있다. 그래서 억지로 긴장감을 떨쳐 버리고자 애쓸 필요는 없다. 중요한 것은 주눅이 들지 않아야 한다. 심리적으로 위축되지 않고 당당하게 1교시 시작의 종소리를 맞이할 수 있어야 한다. 이렇게 하기 위해서는 무엇보다 평소 자신의 노력을 믿으며 그 노력을 바탕으로 자신감을 키워 나가야 한다. 부족한 점을 치밀하게 찾아 보완하는 공부를 하고 있다면 절대로 수능 날 자신의 성과에 대해 의심하지 말자. 최선을 다할 수 있는 자신을 절대적으로 신뢰하자. 그 마음으로부터 1교시 시간 부족에 대한 걱정 철회 솔루션은 시작된다.

01 시험실 입실 후 1교시 시작 전까지

시험실에 입실한 후 8시 40분까지 수험생은 가장 높은 수준의 긴장감과 초조감을 느끼며 큰 중압감에 시달리게 된다. 이때 '시험을 못 보면 어떡하지?'와 같은 불안한 마음이 드는 것은 지극히 정상적이다. 그렇다고 걱정으로 머리를 가득 채워서는 곤란하다. 자신을 믿는 마음으로 심호흡을 가다듬으며 집중을 잘할 수 있도록 뇌를 '워밍업'해야 한다. 이때 감독 교사가 1교시 시험지를 나눠 주기 전까지 가볍게 화법, 작문 10문제를 풀어 보는 것도 좋다. 새로운 문제를 풀기보다는 6월 모의평가와 9월 모의평가의 화법, 작문 10문제를 다시 풀어 보며 전략적으로 어떻게 풀어야 하는지를 다시 되새겨 보자. 그렇게 하면서 문제 푸는 시간에 대한 감각도 살리도록 하자. 각 문제를 어느 정도의 시간으로 풀어야 하는지를 생각하면서 빠르고 정확하게 답을 구하는 사고 과정을 스스로 해 보는 것이다. 답부터 머리에 떠올리지 말고 단계적으로 답을 구하는 사고 과정을 수행하자.

02 8시 40분, 1교시 시작종이 울리면

감독 교사가 나눠 준 답안지에 수험번호와 이름 등을 적은 다음, 잠깐 시험 시작종이 울리기를 기다리게 된다. 이때 호흡을 가다듬으며 집중력을 끌어올려야 한다. 시험 시작종이 울리면 너무 급하게 지문을 읽고 문제를 풀려고 해도 안 되고, 지나칠 정도로 꼼꼼하게 읽으면서 문제를 풀려고 해도 안 된다. 평소 자신이 훈련한 속도대로 문제를 정확하게 읽으면서 풀어야 한다.

03 1차 시간 체크

화법, 작문, 문법 15문제를 모두 푼 다음, 1차로 시간 부족 여부를 판단해야 한다. 화법, 작문, 문법 15문제를 모두 풀고 시계를 봤을 때, 8시 55분이라면 아주 좋은 페이스이다. 9시를 갓 넘었다면 조금 느린 상태이다. 그런데 9시 10분을 넘었다면 시간이 많이 부족한 상황이다. 만약 9시 10분이 넘었다면, 당황스럽겠지만 빨리 마음과 정신을 추스르고 문학과 독서에서 자신 있는 세트들부터 빠르게 해결해야 한다. 그런 다음 어려운 세트를 해결하는 것이 좋다. 그런데 이러한 대처 능력보다 중요한 것은 평소 효과적인 공부를 함으로써 화법, 작문, 문법 15문제를 풀었을 때 시간이 절대로 9시를 넘지 않도록 만드는 것이다. 물론 8시 55분 이전에 15문제를 모두 풀 수 있게 만들면 가장 좋다.

04 2차 시간 체크

2차 시간 체크 시점은 33~36번을 푼 다음이다. 대략 10문제 정도를 남겨 둔 시점에서 시간이 얼마나 남았는지를 확인하도록 하자. 이때 독서 10문제가 남았느냐, 문학 10문제가 남았느냐, 아니면 독서와 문학이 섞인 상태로 남았느냐에 따라 다르기는 하지만, 10문제 정도를 남겨 두었을 때 대체로 시간이 9시 35분을 넘지 않는 것이 좋다. 문학 10문제가 남았다면 9시 40분 정도여도 괜찮지만, 어떤 경우에도 9시 40분을 넘지 않는 것이 좋다. 9시 40분을 넘었다면 당황하지 말고 자신이 맞힐 수 있는 문제들부터 먼저 빠르게 해결하는 것이 필요한데, 중요한 것은 이러한 상황 자체에 처하지 않도록 만드는 것이다. 그러려면 시간 부족을 해결하기 위한 전략적인 공부가 필요하다.

Q2 시간 부족, 전략적인 공부로 해결해라

1교시에 시간이 부족해서 문제를 다 못 풀었다는 것은 그만큼 읽고 사고하는 능력에 부족한 점이 있음을 나타낸다. 읽고 사고하는 능력을 효과적으로 보완하지 못하면 시간 부족 문제는 결코 해결되지 않는다.

01 예측 능력 기르기

지문 읽기와 문제 풀기가 마치 별개의 것인 양 따로 이루어지는 학생들이 있다. 그런 경우 지문을 읽은 다음, 문제를 풀 때 지문을 여러 차례 참고하게 된다. 이 때문에 낭비되는 시간이 적지 않으므로 시간 부족의 주요 원인이 된다. 따라서 시간 부족 문제를 해결하기 위해서는 문제 풀이에서 필요한 정보들에 주목하는 독해를 능숙하게 할 수 있어야 한다. 이를 위해서는 지문을 읽기 전에 출제 요소를 예측해야 하며, 예측한 출제 요소에 관한 정보들을 지문에서 찾고 그 정보들 중심으로 내용을 이해하는 독해를 해야 한다.

예측하기는 발문, 〈보기〉, 선택지 등을 통해 할 수 있다. 다음의 사례를 통해 예측하기를 해 보자.

(예제 1)

20. ㉠~㉢에 대한 이해로 가장 적절한 것은?

① ㉠은 인간이 두려움을 갖는 이유를, ㉡과 ㉢은 신에 대한 의존에서 벗어나게 하는 방법을 제시한다.

② ㉠은 우주가 신에 의해 운행된다고 믿는 근거를, ㉡과 ㉢은 인간의 사후에 대해 탐구하는 방법을 제시한다.

③ ㉠과 ㉡은 인간이 영혼과 육체의 관계를 탐구하는 이유를, ㉢은 모든 두려움에서 벗어나는 방법을 제시한다.

④ ㉠과 ㉡은 인간이 잘못된 믿음에서 벗어날 수 있는 근거를, ㉢은 행복에 이르도록 하는 방법을 제시한다.

⑤ ㉠과 ㉡은 인간의 존재 이유와 존재 위치에 대한 탐색의 결과를, ㉢은 인간이 우주의 근원을 연구하는 방법을 제시한다.

이 문제를 보고 바로 지문에서 ㉠~㉢을 확인한다. ㉠은 '이신론적 관점', ㉡은 '자연학', ㉢은 '윤리학'이다. 각각의 관점(입장)을 지칭하는 말임을 확인할 수 있다. 그리고 선택지 ①~⑤의 서술 형식을 확인한다. '㉠은 ~ , ㉡과 ㉢은 ~'과 같은 형식으로 서술되어 있는데, 이를 통해 ㉠, ㉡, ㉢의 공통점과 차이점이 출제 요소임을 알 수 있다. 이렇게 예측하기를 하면 지문을 읽을 때 공통점과 차이점을 찾는 읽기를 하게 되고, 그에 따라 문제의 답을 더 빠르고 정확하게 찾을 수 있다. 이처럼 문제를 고려해 지문을 읽을 줄 알아야 한다. 이에 능숙해질수록 문제 풀이 시간은 단축된다.

02 화법, 작문, 문법은 정확하게, 그리고 빠르게 풀기

흔히 화법, 작문에서 시간을 벌라고 한다. 그런데 여기서 반드시 유의해야 하는 점이 있다. 어설프거나 섣부르게 빨리만 풀려고 해서는 안 된다는 것이다. '정확하게'가 뒷받침되지 않은 상태에서 '빠르게'만 풀려고 하면 '누구든 잘 읽기만 하면 맞힐 수 있는 문제'들을 틀리게 되는 치명적인 결과를 초래할 수 있다.

화법, 작문은 첫 단추이다. 첫 단추를 잘못 끼우면 전체적으로 단추를 잘못 끼워서 시험을 망치는 결과를 초래할 수 있다. 앞서 1교시 시작 전에 화법, 작문 문제를 보고 문제 풀이 감각을 살리라고 한 것도 그와 같은 이유에서이다. 그렇다면 어떻게 해야 정확성을 전제로 빠르게 풀 수 있을까? 그것은 단기 기억을 최대한 활용하는 것이다. 우리는 어떤 것을 본 후 짧은 시간 동안만 기억하는 경우가 많다. 그래서 제시된 지문 전체를 읽고 모든 문제를 풀려고 하지 말고, 지문을 처음 읽을 때 읽으면서 최대한 많은 문제를 풀려고 해야 한다. 화법의 말하기 관련 문제, 작문의 글쓰기 전략, 글쓰기 계획, 퇴고하기 관련 문제는 모두 읽으면서 풀 수 있다. 그리고 화법에서 듣기 관련 문제, 작문에서 조건에 맞게 표현하기 문제 정도만 읽은 다음에 풀 수 있다면 매우 잘하는 것이다.

문법은 개념 공부가 기본이 되어야 한다. 어느 정도 개념 공부가 끝났다면 분석력을 기르는 것이 시간 단축에서 매우 중요하다. 음운 변동, 형태소, 문장 성분(안긴문장)

등을 분석적으로 요소별로 짚어내는 것을 잘하느냐가 시간을 얼마나 단축할 수 있느냐를 결정한다. 이 점에 유의하여 분석력을 기르는 공부에 특히 신경 써서 공부해야 한다. 화법, 작문보다 오히려 문법에서 시간을 줄일 수 있는 경우도 많다. 화법, 작문을 빠르게 풀려고 하다가 실수로 문제를 틀리는 학생들은 화법, 작문은 최대한 정확하게 풀고 문법에서 시간을 줄여야 한다.

03 각 영역의 읽으면서 푸는 문제들을 알고 독해 과정에서 해결하기

지문 독해와 문제 풀기가 따로 이루어지면 그만큼 시간이 더 걸릴 수밖에 없다. 보통 사람이라면 지문을 읽은 다음 지문의 내용을 모두 기억하지 못한다. 아주 잘 이해한 글도 마찬가지이다. 그래서 지문을 먼저 읽은 다음에 모든 문제를 풀면, 문제를 푸는 과정에서 지문을 여러 차례 다시 참고할 수밖에 없다. 따라서 지문을 처음 읽을 때 최대한 많은 문제를 해결하는 것이 중요하다.

구분	읽으면서 푸는 문제 유형
화법	· 계획의 반영 여부
	· 말하기 관련 문제('㉠~㉤', '[A]~[E]'와 같이 표시된 문제는 필수적으로 읽으면서 풀기)
작문	· 계획의 반영 여부
	· 글쓰기 전략(전개 방식)
	· 고쳐 쓰기(수정·보완)
독서	· 세부 정보 이해
	· 이유(원인), 의미(내용) 추리
	· 공통점 파악
문학	· '㉠~㉤', '[A]~[E]'로 표시된 문제
	· 선택지 ①~⑤가 지문의 내용 순서대로 제시된 문제

04 고난도 문제 해결에 필요한 사고 패턴에 능숙해지기

시험마다 고난도 문제가 출제되고 있다. 고난도 문제를 얼마나 빠르게 잘 해결하느냐도 시간을 단축하는 데 큰 영향을 미친다. 고난도 문제의 패턴을 알고 그에 따라 문제 해결에 필요한 사고 방법과 과정에 능숙해져야 한다. 다음의 예를 통해 고난도 문제의 패턴에 대해 익혀 보자.

(예제 2)

30. 윗글과 〈보기〉에 대한 이해로 적절하지 <u>않은</u> 것은? (3점)

보기

> 현실에서의 통화 정책 효과는 경기에 대해 비대칭적인 것으로 알려졌다. 통화 정책은 경기 과열을 억제하는 데는 효과적이지만 경기 침체를 벗어나는 데는 효과가 미미하기 때문이다. 경기 침체를 극복하기 위해 중앙은행의 정책 금리 인하로 은행이 대출을 늘려 신용 공급을 확대하려 해도, 가계의 소비 심리가 위축되었거나 기업이 투자할 대상이 마땅치 않을 경우 전통적인 통화 정책에서 기대되는 효과는 나타나지 않게 된다. 오히려 확대된 신용 공급이 주식이나 부동산 등 자산 시장으로 과도하게 유입되어 의도치 않은 문제를 일으킬 수 있다.
>
> 경제학자들은 경제 주체들이 경기 상황에 대해 비대칭적으로 반응하기 때문에 나타나는 이러한 현상을 '끈 밀어 올리기(pushing on a string)'라고 부른다. 이는 끈을 당겨서 아래로 내리기는 쉽지만, 밀어서 위로 올리는 것은 어렵다는 것에 빗댄 것이다.

① '끈 밀어 올리기'를 통해 경기 침체기에 자산 가격 버블이 발생하는 경우를 설명할 수 있겠군.

② 현실에서 경기가 침체하였을 경우 정책 금리 인하에 따른 경기 부양 효과는 경제 주체의 심리에 따라 달라질 수 있겠군.

③ '끈 밀어 올리기'가 있을 때 경기 침체기에 금융 안정을 달성하려면 경기 대응 완충 자본 제도의 도입이 필요하겠군.

④ 통화 정책 효과가 경기에 대해 비대칭적이라면 경기 침체기에는 정책 금리 조정 이외의 방안을 도입할 필요가 있겠군.

⑤ 통화 정책 효과가 경기에 대해 비대칭적이라면 정책 금리 인상은 신용 공급을 축소함으로써 경기를 진정시킬 수 있겠군.

이 문제가 출제된 지문에서는 '문제점(한계)-대안(방안)'의 패턴에 따라 정보를 제시하고 있다. 지문이 이와 같은 패턴에 따라 전개된 경우 〈보기〉에 문제 상황을 제시하고, 그 문제 상황의 원인이나 문제 상황이 초래할 결과를 추론하거나 문제 상황을 해결하려는 방안의 적절성을 판단할 수 있는지를 묻는 문제가 많다. 앞의 〈보기〉에서는 '끈 밀어 올리기'라는 문제 상황을 제시하고 있으며, 정답지에서는 그 상황과 관련하여 '경기 침체기에 금융 안정을 달성하려는 방안으로 경기 대응 완충 자본 제도의 도입'이 방안으로 적절한지를 판단하게 하고 있다. 이러한 패턴을 알고 있다면, 지문의 '문제점(한계)-대안(방안)'의 정보에 주목하여 '경기 대응 완충 자본 제도'가 '끈 밀어 올리기'와 관련된 문제를 해결하는 방안이 될 수 있는지에 초점을 맞추어 사고할 수 있을 것이다.

수능 국어 시험은 읽고 사고하는 능력을 측정하는 시험이라고 할 수 있다. 그래서 문제를 푸는 데 시간이 부족하다는 것은 그만큼 읽고 사고하는 능력에 있어 부족함이 있는 것이다. 따라서 시간 부족 문제를 근본적으로 해결하기 위해서는 읽고 사고하기를 절대로 귀찮아해서는 안 된다. 앞서 제시한 네 가지 방법에 유의하여 전략적으로 공부하면서 스스로 이해하는 사고 훈련을 반복하는 것이 좋다. 그리고 그렇게 열심히 공부했다면 당당하게 수능 시험에 임하자. 그러한 당당함이라면 최대의 집중력을 발휘하여 최고의 결실을 맺게 될 것이다.

국어 Q2

고전 문학과 소통하는 방법

남궁민   EBSi 국어영역 강사(現) | 와부고등학교 교사(現)

> "
>
> 고전 시가, 생각만 해도 다리가 후들후들 떨린다고? 고전 소설, 들여다보기만 해도 머리칼을 쥐어뜯게 된다고? 이처럼 고전 문학을 어려워하는 학생들이 정말 많다.
>
> "허나 걱정하지 마시게. 이처럼 고전 문학과 통하지 못하는 그대들을 어엿비 여겨 오늘은 내가 친히 여기에 임하였다네!"
>
> "

Q1 고전 문학과 소통이 안 되는 이유는 무엇일까?

우리는 왜 이렇게 고전 문학과 의사소통을 원활히 하지 못하는 걸까? 그것부터 생각해 보자. 만약 학교에서 내 짝꿍이 아주 현란한 언어를 구사하는 친구라고 가정하자. 그리고 아주 낯설고 어려운 단어를 많이 사용하는 친구라고 가정하자. 그런 친구와는 의사소통이 힘들 수밖에 없다. 그런데 하루가 지나고 1주일이 지나고 그렇게 한동안 그 친구의 말을 귀담아 유심히 들어봤더니, 그 친구가 그토록 어려운 표현을 써 가며 매번 전달하는 메시지가 지극히 단순한 몇 가지에 불과했다면 어떨까? 예컨대 항상 '특정 연예인에 대한 예찬', '이런저런 자기 자랑', 그리고 '오늘 급식에 대한 사전 기대와 사후 평가' 정도뿐이라면, 그 친구가 구사하는 모든 단어를 알지 못하더라도 그 친구와 무리 없이 의사소통을 해낼 자신감이 생길 것이다. 수능에서 만나게 되는 고전 문학도 어쩌면 딱 그와 같다고 보면 된다.

'어려운 말' 속에 들어 있는 '뻔한 이야기'

미리 겁먹지 말고 일단 덤벼 보는 게 고전 문학과 소통하기 위한 첫 번째 요령이라고 할 수 있다. 그럼 이제부터 고전 문학과의 원활한 의사소통 요령을 고전 시가와 고전 소설로 나누어 조금 더 자세히 알아보도록 하자.

Q2 고전 시가와 소통하는 방법은 무엇일까?

먼저 고전 시가와 소통하는 가장 중요하고 기본적인 방법부터 알아보자.

01 고전 시가의 주요 유형을 알아 두라

고전 시가, 특히 그중에서도 수능 시험에 가장 빈번하게 출제되는 시조와 가사의 경우 화자가 어떤 '대상'에 대해 어떤 '태도'를 보이는가가 중요한데, 대체로 다음의 네 가지 유형으로 분류할 수 있다.

① '자연, 자연 속에서의 삶'에 대한 '예찬'을 담은 유형
② '임금과 나라'에 대한 '걱정'을 담은 유형
③ '세태나 인물'에 대한 '비판이나 풍자'를 담은 유형
④ '연인'에 대한 '그리움'을 담은 유형

구체적인 예를 하나 들어 보면, 2019년 3월 3학년 전국연합학력평가에는 이홍유의 「산민육가」라는 매우 낯선 연시조가 출제되었다. 그러나 위와 같은 네 가지 유형에 대한 이해가 있는 학생이라면 처음 보는 이 작품도 당황하지 않고 읽어낼 수 있었을 것이다.

이홍유,「산민육가」

이 몸이 한가하여 산수간(山水間)에 절로 늙어

공명부귀(功名富貴)를 뜻밖에 잊었으니

차중(此中)에 청유(淸幽)한 흥미(興味)를 혼자 좋아 하노라

〈제1수〉

조그만 이 내 몸이 천지간(天地間)에 혼자 있어

청풍명월(淸風明月)을 벗 삼아 누었으니

세상(世上)의 시시비비(是是非非)를 나는 몰라 하노라

〈제2수〉

늙고 병든 몸을 세상이 버리실새

조그만 초당(草堂)을 시내 위에 일워 두고

목전(目前)에 보이는 송죽(松竹)아 내 벗인가 하노라

〈제4수〉

산림(山林)에 들어온 지 오래니 세상사(世上事)를 모르노라

십장 홍진(十丈紅塵)이 얼마나 가렸는고

물외(物外)에 뛰어든 몸이 보은(報恩)이 어려워라

〈제5수〉

예컨대 〈제1수〉에서 화자가 '공명부귀'를 잊은 채 '산수간에 절로 늙어' 가는 모습,

〈제2수〉에서 '세상의 시시비비'를 외면하고 '청풍명월을 벗 삼아' 누워 있는 모습

을 보면 이 작품이 네 가지 유형 중 ①에 해당하는 것임을 쉽게 알 수 있다.

이렇게 어느 유형에 속하는지를 안다는 것은 매우 중요한 의미가 있다. 해당 유형에 속하는 수많은 작품이 공유하고 있는 전형적인 주제 의식, 정서와 태도, 표현 방법 등을 이해와 감상의 준거로 활용할 수 있기 때문이다. 바로 그런 바탕 위에서 '늙고 병든 몸을 세상이 버리실새' 같은 표현이 버리는 행위의 주체와 객체를 짐짓 바꾸어 놓음으로써 표현의 묘미를 시도한 것이리라는 이해도 가능해질 것이다. 또 〈제5수〉에서 느닷없이 등장한 것 같은 '보은'도 누구에 대한 태도일지 짐작할 수 있다.

02 빈출 어휘를 익혀라

예를 들어, 「산민육가」를 공부했다면 〈제5수〉의 중장에 나오는 '홍진(紅塵)'이란 말은 원래 햇빛을 받아 벌겋게 이는 티끌을 의미하고, 사람과 수레가 빈번히 오가는 길의 붉은 먼지를 뜻하기에, 번거롭고 속된 세상을 비유하는 말이라는 것을 익혀 둔다. 그리고 종장의 '물외(物外)'는 바깥의 세상, 즉 '홍진'을 훌쩍 떠난 깊은 자연을 의미하는 말이라는 것도 같이 익혀 두어야 한다.

이렇게 고전 시가의 주요 유형과 그 전형적 특징을 이해하고 빈출 어휘를 익혀 둔다면 고전 시가와 소통하는 것이 그렇게 어렵지만은 않을 것이다.

Q3 고전 소설과 소통하는 방법은 무엇일까?

다음은 고전 소설과 소통하는 방법이다. 우선, 고전 소설 읽기를 너무 어렵게 생각하지 말자. 그냥 텔레비전으로 가볍게 '사극(史劇)' 한 편 본다고 생각하자. 겁 먹지 않기로 약속한 사람에게 지금부터 고전 소설을 정복하는 구체적인 네 가지 팁을 주고자 한다.

효과적인 이해를 위해서 작자 미상의 「조웅전」 중 한 대목을 가져왔다.

작자 미상, 「조웅전」

부인이 말하기를,

"잃은 것이 부모의 신물이냐?"

소저 묵묵부답하고 눈물이 솟아 옥면에 흐르는지라. 시비 곁에 있다가 종시 속이지 못하여 여쭈어 가로되,

"과연 소저 낭군을 처음 만나와 즉시 이별하올 제 낭군이 주고 가신 신물이로소이다."

하거늘 부인이 그제야 비회를 이기지 못하여 소저의 손을 잡고 가로되,

"네 어찌 장 소저면 장 소저는 나의 며느리라."

하시며 부채를 내어 주며 말하기를,

"이 부채는 자식 웅의 부채라. 연전에 강호 왕래할 때에 장 진사 댁 사위가 되었노라 하고 네 말을 하되 생전에 보지 못하고 죽을까 주야 한이 되었더니 오늘날 이리 만날 줄이야 꿈에나 뜻하였으리요?"

하며 반갑고 사랑하온 마음을 어찌 다 측량하리요?

(…)

"대원수는 뉘시니까? 옥석을 가리어 주시고 미천한 목숨을 살려 보내시니 감격하여이다."

원수 말하기를,

"부인이 옥중에 오래 고생하시매 정신이 없어 몰라보시도소이다. 소생은 부인 댁 은혜 끼친 조웅이로소이다."

01   '관계, 상황, 심리'에 주목해라

어떤 작품의 어떤 대목을 읽든 간에 그 대목에 등장하는 인물들 사이의 관계, 그들이 처한 상황, 그리고 그로부터 인물이 느끼는 심리를 파악하는 것이 기본이 되어야 한다.

위의 예를 가지고 이야기해 보자. '소저'가 등장하고 '부인'이 등장한다. '소저'가

울고 있는데 '부인'이 그 이유를 물으니, 사랑하는 낭군 조웅이 주고 간 신물인 부채를 잃어버렸기 때문이라고 말한다. 그건 '부인'이 감춘 것이었고, 이 일로 '소저'가 자기 며느리라는 것을 알게 된다. 그 과정을 통해 인물들은 놀라고 감격하고 '사랑하온 마음'을 다 측량하기 어려운 심리 상태를 경험한다. 이 대목에서 두 사람의 관계가 어떻게 변화되었는지 주목해 보면 서로 모르던 사이에서 고부지간으로 바뀐 것을 알 수 있다. 이렇게 '관계, 상황, 심리'에 주목하는 독법은 고전 소설의 줄거리를 완벽하게 파악하는 핵심 요령이라고 할 수 있다.

02 지칭어의 변화에 주목해라

학생들이 고전 소설의 줄거리 파악에 실패하는 중요한 이유 중 하나는 바로 같은 인물을 가리키는 말들이 여러 가지로 변화하는 것을 알아채지 못하는 데 있다. 이 지문에서도 '낭군', '웅', '장 진사 댁 사위', '대원수', '원수', '소생', '조웅'이 모두 주인공 '조웅'을 가리키는 말이다. 평소 고전 소설 읽기 공부를 하면서 변화하는 지칭어를 놓치지 않고 잘 따라가는 연습을 해 두어야 한다.

03 소재와 배경의 기능을 잘 파악해라

앞의 지문을 예로 들면, '부채'는 두 사람의 관계에 대한 정보를 제공하는 서사적 기능을 하고 있다. 이처럼 고전 소설에서 이후 일어날 일과 관련하여 심상치 않은 기능을 하는 소재나 배경이 등장할 때, 그것을 굳이 그 대목에 배치한 작자의 의도를 놓치지 않고 꿰뚫어 보는 것이야말로 수능 고전 소설 지문 정복의 중요 요건 중 하나이다.

04 서술자의 개입을 발견해라

앞의 지문에서 찾아보자면, '반갑고 사랑하온 마음을 어찌 다 측량하리요?'라는 부분이 있다. 고전 소설에는 이처럼 인물과 사건, 작중 상황에 대해 서술자가 자신의 주관적 견해를 노출하는 부분이 흔히 등장하고, 이 부분은 여지없이 출제 요소로 작용하게 마련이다. 그러니 잘 찾아낼 수 있어야 한다.

끝으로 한 가지만 더 강조하자면, 수능에서 고전 문학 분야는 그야말로 기본 중의 기본이라고 할 수 있는 '내용 파악' 유형의 문제가 중심을 이루고 있다. 그런데 그 문제들이 뜻밖에 높은 오답률을 보인다. 그러니 그 대비가 공부의 뼈대가 되어야 할 것이다.

지금까지 고전 시가와 고전 소설을 겁먹지 않고 조금 더 쉽게 읽어내는 방법들을 함께 정리해 보았다. '어려운 말' 속에 들어 있는 '뻔한 이야기'인 고전 문학, 즐거운 마음으로 재미있게 공부해서 수능 시험에서 반드시 좋은 결과를 얻기를 바란다.

국어 Q3

과학, 기술 문제 길들이기

김기훈 EBSi 국어영역 강사(現) | 대성 마이맥 강사(現) | 서울대학교 국어교육과 졸업
한국외국어대학교 부속 용인외국어고등학교 교사(前)

“

대부분 물고기 잡는 방법에만 집중하다 보니 물고기는 실제로 한 마리도 보지 못하는 우를 범하는 것이 현실이다. 수능에서 새로운 화제를 만날 거라는 이유로 기존의 화제 내용을 제대로 분석하지 않는 것과 마찬가지이다. 세상에 완전히 새로운 것은 없다. 수능에서 기존에 보지 못한 낯선 지문을 만나더라도 평가원이 중요하게 생각하는 화제는 정해져 있다. 과학 지문에서 물리학이 출제된다면 물리학의 핵심 개념에서 크게 벗어나지 않을 테니까 말이다. 다시 말해 수능 국어에서 성공하기 위해서는 논리적인 독해법과 화제에 대한 공부 역시 필요하다. 질문과 답변으로 과학 기술 지문 공부법을 구체적으로 살펴보자.

”

2019학년도 수능 국어영역은 매우 어렵게 출제되었다. 특히, 논증을 다룬 인문 지문과 천문 이론을 다룬 과학, 철학 융합 지문이 그 정점을 찍었다. 과학, 기술영역은 매년 오답률 상위권 문제에서 빠지지 않기 때문에 그에 대한 확실한 대비가 필요하다. 올해에도 어려운 과학 지문이나 경제학 지문, 논리학 지문이 나온다면 누구에게 유리할까? 평상시 그와 유사한 지문을 많이 다루었거나 과학, 경제학, 논리학 용어에 익숙한 학생이 유리할 것이다. 물론 그걸로 승부가 나는 것은 아니며, 길고 복잡한 지문을 독해하는 힘도 키워야 한다.

과학 기술 지문의 오답률

2019학년도 수능	오답률 1, 4, 5위	천문이론	31번(81%) / 28번(68%) / 29번(64%)
2018학년도 수능	오답률 2, 4위	디지털 데이터의 부호화 과정	41번(66%) / 40번(63%)
2020학년도 6월 모의평가	오답률 1, 5위	진핵생물의 발생	41번(89%) / 38번(57%)

수능 독서 지문은 특정 교재에서 발췌하는 것이 아니라 새롭게 서술되는 것인 만큼 출제 내용을 100% 미리 준비하기는 불가능하다. 하지만 평상시 공부하는 기출문제를 정확히 독해하면 수능 시험장에서 만난 낯선 화제의 개념과 원리에 대한 이해도가 높아진다.

많은 사람들이 물고기를 잡아서 주는 것이 아니라 물고기 잡는 방법을 알려 줘야 좋은 교육이라고 말한다. 물론 그 말은 논리적으로 타당하고 분명 매력적이다. 하지만 고기 잡는 방법에만 집중하다 보니 물고기는 실제로 한 마리도 보지 못하는 우를 범하는 것이 현실이다. 수능에서 새로운 화제를 만날 거라는 이유로 기존의 화제 내용을 제대로 분석하지 않는 것과 마찬가지이다. 세상에 완전히 새로운 것은 없다. 수능에서 기존에 보지 못한 낯선 지문을 만나더라도 평가원이 중요하게 생각하는 화제는 정해져 있다. 과학 지문에서 물리학이 출제된다면 물리학의 핵심 개념에서 크게 벗어나지 않을 테니까 말이다. 다시 말해 수능 국어에서 성공하기 위해서는 논리적인 독해법과 화제에 대한 공부 역시 필요하다.

이제 다섯 개의 질문과 답변으로 과학 기술 지문 공부법을 구체적으로 살펴보자.

Q1 문제, 〈보기〉를 먼저 읽고 난 후에 지문을 읽으면 시간이 단축될까요?

문학과 독서에는 공통적으로 〈보기〉가 제시되는 문제가 있지만 〈보기〉의 성격은 서로 다르다. 문학의 〈보기〉는 구체적으로 형상화된 문학 작품의 해석 방향을 제시해 주는 만큼 작가의 경향, 작품의 시대적 배경, 주제 등의 일반적 진술로 이루어져 있다. 하지만 독서의 〈보기〉는 지문에 제시된 개념과 원리를 적용하는 구체적 사례로서 제시되기 때문에, 지문 속 화제의 개념과 원리에 대한 이해 없이 〈보기〉의 내용을 파악하는 것은 불가능에 가깝다.

(사례 1) 2015년 11월 〈2016학년도 수능〉에 출제된 기술영역의 〈보기〉

보기

○ 예비 실험 : 일정한 세기를 가지는 800nm 파장의 빛을 길이가 1m인 광통신 케이블의 한쪽 끝에 입사시키고, 다른 쪽 끝에 실리콘으로 만든 애벌랜치 광다이오드를 설치하여 전류를 측정하였다. 이때 100nA의 전류가 측정되었고 증배 계수는 40이었다. 작동 온도는 0℃, 역방향 전압은 110V였다. 제품 설명서에 따르면 750~1,000nm 파장 대역에서는 파장이 커짐에 따라 양자 효율이 작아진다.

○ 본 실험 : 동일한 애벌랜치 광다이오드를 가지고 작동 조건을 하나씩 달리하며 성능을 시험한다. 이때 나머지 작동 조건은 예비 실험과 동일하게 유지한다.

아무런 맥락 없이 〈보기〉에서 요구하는 내용을 이해할 수 있을까? 증배 계수, 역방향 전압, 양자 효율 등의 개념어에 대한 이해도 없고 수치가 의미하는 바를 파악하기도 어렵다. 주어진 지문을 읽은 뒤에야 무엇을 묻고 있는지 정확히 파악할 수 있다. 실제 지문에서 제시된 내용은 다음과 같다.

흡수층에서 생성된 전자와 양공은 각각 양의 전극과 음의 전극으로 이동하며, 이 과정에서 전자는 애벌랜치 영역을 지나게 된다. 이곳에는 소자의 전극에 걸린 역방향 전압으로 인해 강한 전기장이 존재하는데, 이 전기장은 역방향 전압이 클수록 커진다. 이 영역에서 전자는 강한 전기장 때문에 급격히 가속되어 큰 속도를 갖게 된다. 이후 충분한 속도를 얻게 된 전자는 애벌랜치 영역의 반도체 물질을 구성하는 원자들과 충돌하여 속도가 줄어들며 새로운 전자-양공 쌍을 만드는데, 이 현상을 충돌 이온화라 부른다.

지문에 제시된 내용을 이해한 뒤에야 〈보기〉의 적용문제를 해결할 수 있다. 발문을 살펴보면 지문 이해를 바탕으로 〈보기〉를 적용해야 함을 쉽게 알 수 있다.

윗글을 바탕으로 〈보기〉의 '본 실험' 결과를 예측한 것으로 적절하지 <u>않은</u> 것은?

따라서 〈보기〉를 먼저 읽게 되면 아무런 이해 없이 무조건 〈보기〉를 읽기 때문에 지문을 읽고 나서 또다시 〈보기〉를 읽을 수밖에 없다. 국어 시험에서의 성공은 문제를 푸는 속도라고 할 수 있는데, 〈보기〉를 먼저 읽으면 시간이 더 걸리게 된다. 따라서 발문 정도만 읽고 나서, 먼저 지문을 끝까지 읽으면서 전체 내용을 보는 것이 중요하다. 〈보기〉가 지문의 몇 번째 단락과 관련되어 있는지 파악하고 그 부분을 자세히 분석하는 것은 다음 단계이다. 왔다갔다하는 횟수를 줄이는 것이 시간 단축에서 가장 중요하다.

이번에는 문학 문제를 살펴보자.

(사례 2) 2017년 11월 〈2018학년도 수능〉에 제시된 「관촌수필」 발문

〈보기〉를 참고하여 윗글을 감상한 내용으로 적절하지 않은 것은?

보기

> 금기란 어떤 대상을 꺼리거나 피하는 행위를 가리킨다. 공동체의 구성원들은 금기를 위반
> 하면 그 대상에 의해 공동체 혹은 그 구성원이 처벌을 받는다는 인식을 공유한다. 일반적으
> 로 금기를 설정하는 근본적인 이유는 알려지지 않지만, 금기와 그 대상에 대한 추측은 구전
> 의 방식을 통해 은밀하게 전파되어 구성원들 간에 회자된다. 이를 통해 금기와 금기의 대상
> 이 환기하는 의미는 세대를 거쳐 전달됨으로써 서로 다른 세대 간에 공동체의 체험을 공유
> 하는 데에 기여하기도 한다.

분명히 발문에서 〈보기〉를 참고하여 윗글을 감상하라고 친절하게 말해 주고 있다. 즉, 〈보기〉를 먼저 읽고 지문을 읽어야 한다. 문학은 개인에 따라 주관적으로 해석될 여지가 있기 때문에 객관성 확보를 위해 해석의 근거인 〈보기〉를 제시한다. 그리고 소설의 경우 전문이 아니라 발췌된 부분만이 제시되므로 〈보기〉가 없이 내용을 정확히 파악하기는 쉽지 않다. 실제 지문에서 제시된 내용은 다음과 같다.

조무래기들은 도깨비불만 보면 네 그르니 내 옳으니 하며 짜그락거리기 일쑤였고, 그러면 나이 좀 있는 사람이 얼른 쉬쉬하면서, 도깨비가 듣겠다고 나무라 주게 마련이었던 것이다. 도깨비가 들으면 무엇이 어떻다고 불똥 끄듯 서두르며 말리려 들었을까. 그것은 아무도 가르쳐 주지 않았다. 알면서도

짐짓 모르는 시늉을 해 보이려 했지만, 그네들도 어려서부터 가르쳐 준 이가 없어 이렇다 하게 내놓지 못하는 눈치가 역연하던 것이다. 그것은 바지랑대에 등을 매달고 멍석에 둘러앉아 삼을 삼거나 태모시를 톺던 늘그막의 아낙네들도 마찬가지로 가늠을 못 해, 도깨비불에 손가락질하면 도깨비가 쫓아온다는 것밖에 다른 말은 할 줄 모르고 있었다. 그네들은 낮춘말로, 도깨비들이 벌거벗고 산다더라고 귀띔해 주었으며, 그것은 그것들이 여름내 왕대뫼 자드락이나 갯가에 나와 불놀이를 하다가도, 기러기 그림자에 논두렁 콩노굿이 지고 오려논에 자마구가 일며부터는 아무도 모르게 간곳없이 사라지던 것을 보아 믿을 만한 말이라고 우길 따름이었다.

「관촌수필」은 낯선 어휘로 인해 정확히 파악하기가 쉽지 않은 작품이지만, 〈보기〉에 제시된 금기의 대상이 작품 속에서 '도깨비불'로 형상화되었음을 파악하기만 하면 문제를 해결할 수 있다. 결국 〈보기〉를 무시한 채 자신만의 해석을 하는 것은 시간이 오래 걸릴 뿐만 아니라 오답을 선택할 가능성이 높다. 〈보기〉와 지문을 읽는 순서에서 독서와 문학이 서로 반대임을 잊어서는 안 된다.

Q2 배경 지식이 있으면 유리할까요?

앞에서 언급했던 대로 독서는 기본적으로 어떤 화제에 대한 개념과 원리를 설명하는 글이다. 그런데 짧은 지문 속에 모든 정보를 자세하게 서술할 수는 없다. 동일한 글을 읽어내는 속도가 사람에 따라 다른 것은 한마디로 지식의 차이 때문이다. 국어 공부를 하는 데 있어서 다양한 종류의 글을 많이 읽은 사람을 따라잡기 어려운 이유이기도 하다.

용이한 관찰을 위해 STM을 활용한 실험에서는 관찰하려고 하는 시료와 기체 분자의 접촉을 최대한 차단할 필요가 있어 진공이 요구되는 것이다. 진공이란 기체 압력이 대기압보다 낮은 상태를 통칭하며 기체 압력이 낮을수록 진공도가 높다고 한다. 진공 통 내부의 온도가 일정하고 한 종류의 기체 분자만 존재할 경우, 기체 분자의 종류와 상관없이 통 내부의 기체 압력은 단위 부피당 떠돌아다니는 기체 분자의 수에 비례한다. 따라서 기체 분자들을 진공 통에서 뽑아내거나 진공 통 내부에서 움직이지 못하게 고정하면 진공 통 내부의 기체 압력을 낮출 수 있다.

물론 논리적으로 문장을 분석하면 주어진 내용을 이해할 수는 있다. 하지만 사전에 기체 압력과 기체 분자 수에 대한 지식이 있었다면 새로운 정보에 대한 이해가 훨씬 쉬웠을 것이다. 이과생이 문과생보다 과학 기술 지문을 더 잘 풀어내는 이유가 무엇이겠는가? 수년간 과학탐구 공부를 통해 상대적으로 많은 배경 지식을 가지고 있기 때문이다. 그렇다면 출발점이 다른 문과생 입장에서는 과학 기술 문제를 잘 풀어내는 것은 불가능할까? 그 해답은 다음 질문에서 확인해 보자.

Q3 배경 지식을 위해 별도의 과학 공부를 해야 할까요?

과학에 대한 이해가 부족한 학생 입장에서는 자신의 부족함을 인정하면서 공부에 임하는 자세가 중요하다. 물론 문과생이 과학탐구 공부를 별도로 하는 것은 현실적으로 어렵다. 결국 평가원 기출문제나 EBS 지문 속에 제시된 화제를 정확히 이해하려는 자세가 배경 지식을 쌓는 가장 좋은 방법이다.

고전 역학에 따르면, 물체의 크기에 관계없이 초기 운동 상태를 정확히 알 수 있다면 일정한 시간 후의 물체의 상태는 정확히 측정될 수 있으며, 배타적인 두 개의 상태가 공존할 수 없다. 하지만 20세기에 등장한 양자 역학에 의해 미시 세계에서는 상호 배타적인 상태들이 공존할 수 있음이 알려졌다.

미시 세계에서의 상호 배타적인 상태의 공존을 이해하기 위해, 거시 세계에서 회전하고 있는 반지름 5㎝의 팽이를 생각해 보자. 그 팽이는 시계 방향 또는 반 시계 방향 중 한쪽으로 회전하고 있을 것이다. 팽이의 회전 방향은 관찰하기 이전에 이미 정해져 있으며, 다만 관찰을 통해 알게 되는 것뿐이다. 이와 달리 미시 세계에서 전자만큼 작은 팽이 하나가 회전하고 있다고 상상해 보자. 이 팽이의 회전 방향은 시계 방향과 반 시계 방향의 두 상태가 공존하고 있다. 하나의 팽이에 공존하고 있는 두 상태는 관찰을 통해서 한 가지 회전 방향으로 결정된다. 두 개의 방향 중 어떤 쪽이 결정될지는 관찰하기 이전에는 알 수 없다. 거시 세계와 달리 양자 역학이 지배하는 미시 세계에서는, 우리가 관찰하기 이전에는 상호 배타적인 상태가 공존하는 것이다. 배타적인 상태의 공존과 관찰 자체가 물체의 상태를 결정한다는 개념을 받아들이기 힘들었기 때문에, 아인슈타인은 "당신이 달을 보기 전에는 달이 존재하지 않는 것인가?"라는 말로 양자 역학의 해석에 회의적인 태도를 취하였다.

만약 양자 역학의 개념을 모르는 학생이라면, 기출문제 분석을 하면서 그에 대한 기본 개념을 이해하려고 노력하는 자세가 필요하다. 양자 역학 지문은 실제로 2004학년도와 2012학년도 2차례에 걸쳐 언급되었던 주요 화제인 만큼 기출문제 분석을 하면서 그 개념에 신경을 쓴다면 새로운 지문을 더 빨리, 더 쉽게 파악할 수 있다.

(사례 5) 2003년 11월 〈2004학년도 수능〉

양자 역학은 고전 역학보다 더 많은 현상을 정확하게 예측함으로써 고전 역학을 대체하여 현대 물리학의 근간이 되었다. 그럼에도 불구하고 양자 역학이 예측하는 현상들 중에는 매우 불가사의한 것이 있다. 다음의 예를 살펴보자. 양자 역학에 따르면, 같은 방향에 대한 운동량의 합이 0인 한 쌍의 입자는 아무리 멀리 떨어져도 그 연관을 유지한다. 이제 이 두 입자 중 하나는 지구에 놓아두고 다른 하나는 금성으로 보냈다고 가정하자. 만약 지구에 있는 입자의 수평 방향 운동량을 측정하여 +1을 얻었다면, 금성에 있는 입자의 수평 방향 운동량이 −1이 된다. 도대체 그렇게 멀리 떨어진 입자가 어떻게 순간적으로 지구에서 일어난 측정의 결과에 영향을 받을 수 있을까?

또한, 양자 역학에 따르면 서로 다른 방향의 운동량도 연관되어 있다. 예컨대 수평 방향 운동량과 수직 방향 운동량은 하나를 측정하면 다른 하나가 영향을 받는다.

(사례 6) 2011년 11월 〈2012학년도 수능〉

이상적 상황에서 전자를 '보기' 위해 빛을 쏘아 전자와 충돌시킨 후 튕겨 나오는 광양자를 관측한다고 해 보자. 운동량이 작은 광양자를 충돌시키면 전자의 운동량을 적게 교란시켜 운동량을 상당히 정확하게 측정할 수 있다. 그러나 운동량이 작은 광양자로 이루어진 빛은 파장이 길기 때문에, 관측 순간의 전자의 위치, 즉 광양자와 전자의 충돌 위치의 측정은 부정확해진다. 전자의 위치를 더 정확하게 측정하기 위해서는 파장이 짧은 빛을 써야 한다. 그런데 파장이 짧은 빛, 곧 광양자의 운동량이 큰 빛을 쓰면 광양자와 충돌한 전자의 속도가 큰 폭으로 변하게 되어 운동량 측정의 부정확성이 오히려 커지게 된다. 이처럼 관측자가 알아낼 수 있는 전자의 운동량의 불확실성과 위치의 불확실성은 반비례 관계에 있으므로, 이 둘을 동시에 줄일 수 없음이 드러난다. 이것이 불확정성 원리이다.

평가원 기출문제나 EBS 지문에서 어려운 화제의 개념을 만난다면 회피하지 않고 충분한 시간을 두고 이해하는 자세가 반드시 필요하다. 과학 기술의 어려운 개념을 처음부터 이해하는 사람은 드물다. 과학 기술에 대해 두려움을 떨치기 위해서는 어느 정도의 시간 투자는 당연함을 잊지 말자.

Q4 과학 기술 지문을 제일 나중에 푸는 것이 좋을까요?

수능 국어의 킬러 문제 중심에는 대체로 과학 기술 지문이 있다. 특히, 점점 어려워지는 수능 국어에서 꼭 100점을 받겠다는 생각보다는 주어진 시간 내에 전체 문제를 풀겠다는 자세가 더 중요하다. 만약 시간이 부족하면 어려운 독서 지문의 〈보기〉 적용 문제는 버려야겠다는 생각도 중요하다. 그리고 최근 수능 국어의 경향은 마지막 지문에 문학이 배치된다. 최근에는 문학보다 독서의 난도가 훨씬 높은 것이 일반적이다. 번호순으로 난도가 높은 문제가 배치되는 수학과 달리 국어는 뒤로 갈수록 어려운 문제가 배치되는 것은 아니다. 따라서 1~45번까지 순서대로 문제를 푸는 것은 현명한 판단이라고 할 수 없다. 간단하고 쉬운 문제부터 복잡하고 어려운 문제 순서로 자신만의 문제 배치를 하는 것이 좋다. 즉, 과학 기술에 제일 자신 없는 학생이라면 그 문제를 가장 마지막에 푸는 것을 추천한다.

하지만 개인별로 어려워하는 영역의 차이가 있으므로, 평상시 본인이 경제학 지문이나 논리학 지문을 더 어려워한다면 그 문제를 마지막에 푸는 것이 현명하다. 과학 지식이 많은 이과생의 경우 지문의 첫 문장만 읽고도 전개될 내용을 예측할 수 있기 때문이다. 만약 자신의 선택 과목에서 화제가 출제된다면 쾌재를 외치며 먼저 풀어도 좋다. 본인에게 쉬운 지문부터 푸는 것이 정답이다.

Q5 문제를 푸는 데 있어서 특별히 중요한 정보가 있을까요?

과학 지문에서 비례, 반비례 관계를 언급하는 내용은 반드시 출제된다. 즉 '~ ㄹ수록 ~아/어진다'나 사칙연산으로 표현된 문장 중에서 특히 나눗셈이나 곱셈에 주목해야 한다. 밑줄만 그어 놓으면 나중에 문제를 풀 때 찾기가 힘들 수 있으므로 밑줄과 함께 ∨표나 별표를 크게 해 놓는 것을 추천한다.

(사례 7) 2016년 11월 〈2017학년도 모의평가〉

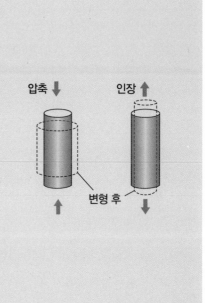

철재만으로 제작된 원기둥 A와 콘크리트만으로 제작된 원기둥 B에 힘을 가하며 변형을 관찰하였다. A와 B의 윗면과 아랫면 수직인 방향으로 압축력을 가했더니 높이가 줄어들면서 지름은 늘어났다. 또, A의 윗면과 아랫면에 수직인 방향으로 인장력을 가했더니 높이가 늘어나면서 지름이 줄어들었다. 이때 지름의 변화량의 절댓값을 높이의 변화량의 절댓값으로 나누어 포아송 비를 구하였더니, 일반적으로 알려진 철재와 콘크리트의 포아송 비와 동일하게 나왔다. 그리고 A와 B의 포아송 비는 변형 정도에 상관없이 그 값이 변하지 않았다.

지문에서 언급되는 나눗셈은 다음과 같이 분모와 분자로 써 놓는 것이 좋다.

$$포아송\ 비 = \frac{지름의\ 변화량의\ 절댓값}{높이의\ 변화량의\ 절댓값}$$

이번에는 북위 30도에서 자전 속력이 약 800km/h인 북위 60도의 동일 경도 상에 있는 지점을 목표로 설정하고 같은 실험을 실행한다고 하자. 두 지점의 자전하는 속력의 차이는 약 600km/h이므로 이 물체는 적도에서 북위 30도를 향해 발사했을 때보다 더 오른쪽으로 떨어지게 된다. 이렇게 운동 방향이 좌우로 편향되는 정도는 저위도에서 고위도로 갈수록 더 커진다. 결국 위도에 따른 자전 속력의 차이가 고위도로 갈수록 더 커지기 때문에 좌우로 편향되는 정도는 북극과 남극에서 최대가 되고, 적도에서는 0이 된다. 이러한 편향 현상은 북쪽뿐 아니라 다른 방향으로 운동하는 모든 물체에 마찬가지로 나타난다.

'운동 방향이 좌우로 편향되는 정도는 저위도에서 고위도로 갈수록 더 커진다'라는 문장에서 편향 정도와 위도의 비례 관계를 언급하고 있는 만큼 중요 정보이다.

사실 공부법은 대단한 것이 아니다. '천재는 노력하는 자를 이길 수 없고, 노력하는 자는 즐기는 자를 이길 수 없다'라는 말이 있는데, 무언가를 즐기기 위해서는 적어도 내가 무엇을 하고 있는지는 분명히 알고 있어야 한다. 전형적인 문과생이었던 선생님의 경험에 따르면, 과학 기술의 의미를 생각하면서 그 위대함을 받아들인다면 훨씬 빨리 두려움에서 벗어날 수 있을 것이다.

과학에 대한 필수 Tip

1. 물리학

호기심에서 출발한 것으로 물질세계의 기본 원리, 즉 자연의 이치를 탐구하는 학문이다. 물리학은 크게 고전 물리학과 현대 물리학으로 나뉘는데, 뉴턴의 역학, 맥스웰이 집대성한 전자기학, 볼츠만 등이 발전시킨 열역학 등이 고전 물리학의 중심이 되고 현대 물리학은 양자 역학과 상대성 이론이 그 중심에 있다.

2. 화학

화학은 물질세계를 원자, 분자 차원에서의 변화라는 시각으로 바라보는 학문이다. 변화를 가져오는 기본 원리는 물리적 원리이므로 화학은 물리학의 기반을 필요로 한다. 따라서 화학과 물리학은 떼려야 뗄 수 없는 관계이다.

3. 생물학

생물학은 생명체를 다루는 학문으로, 약 200년 전까지만 해도 물리학, 화학과는 전혀 다른 원리를 다루는 것으로 생각되었지만, 지금은 대사, 항상성 유지, 유전, 신경이나 두뇌 작용까지도 물리, 화학적 법칙에 따라 설명한다.

4. 지구과학

모든 천문 현상이나 관측에는 물리적 원리가 들어 있는데, 천문학은 우주의 구조와 진화를 연구하는 과학이다. 또한, 천문학은 시공간에 대한 학문이므로 역과 표준시를 다루기도 한다.

UNIT 03

영역별 공부법

수학

수학 Q1

공부한 문제에서 살짝만 바뀌어도
아예 다른 문제 같아요

김민재 | EBSi 수학영역 강사(現) | 신도고등학교 교사(現) | 서울대학교 수학교육과 졸업

> 66
>
> 아마 수학을 공부하는 대부분 학생들의 가장 큰 고민일 거라 생각된다. 분명히 공부한다고 문제집도 사고 강의도 듣는데, 시험에는 항상 내가 푼 문제가 아닌 다른 문제가 나오고, 숫자만 살짝 바뀌었는데도 전혀 다른 문제처럼 느껴지는 것도 사실이다. 제일 처음 개념을 배우고 쉬운 문제를 해석할 때 단순하게 답을 찾는 풀이가 아닌 개념에서 핵심이 되는 부분을 정확하게 파악하고, 문제가 조금씩 변형될 때 그 의미를 정리하며 다시 한 번 개념을 복습하는 과정을 거치면서 수학 개념을 완벽하게 학습할 수 있게 된다. 이렇게 단순한 식이 아닌 그 개념의 의미를 정확하게 알면 문제에서 변형된 식이 나와도 당황하지 않고 그 의미를 찾아서 해결할 수 있다. 그게 바로 제대로 된 수학 개념 공부이다.
>
> 99

유형 1　　수학 공부를 전혀 해 본 적이 없는 친구 혹은 수학 공부를 하고 있다고 착각하는 친구

유형 2　　중학교 때까지는 그래도 나름 꽤 수학 공부를 한 친구

유형 1의 경우에는 강의나 책을 단 한 번도 처음부터 끝까지 끝내지 못한 친구이다. 이 경우에는 이런 고민을 하고 있다는 것 자체가 문제이다. 제대로 공부한 경험이 단 한 번도 없으면서 시험에서 문제가 풀리길 기대하는 자체가 잘못된 것이다. 지금 당장에라도 EBS에 있는 기본 개념 강의 한 개를 완강해 보기를 권한다. 그래야 지금부터 선생님이 해 주는 조언이 도움이 될 것이다.

유형 2의 경우에 해당하는 친구는 중학교 수학과 고등학교 수학의 차이를 분명히 아는 것이 중요하다. 중학교의 수학은 A라는 개념을 배우면 거기에 해당하는 A라는 문제를 묻는 것이 일반적이다. 활용하게 되더라도 그 범위가 매우 제한적이다. 그리고 10년 전이나 지금이나 그 문제의 유형도 크게 달라지지 않았다.

수학 과목의 교육 과정은 항상 그 내용을 줄이는 데 초점을 맞춰 왔기 때문에 내용이 빠지면 자연스럽게 공부해야 하는 양도 줄어든다. 따라서 문제집이나 학원에서 흔히 말하는 양치기(개념보다는 문제 풀이)에 초점을 맞추어도 시험에서 좋은 결과를 얻을 수 있었다.

하지만 고등학교 수학은 다르다. 일단 고등학교 수학도 교육 과정이 바뀔 때마다 범위를 축소하고 있기 때문에 교과서는 얇아지는데, 이상하게도 우리 제자들이 보는 문제집의 두께는 늘어나고 있다. 그리고 매해 새로운 형태의 문제 유형도 추가되고 있다. A라는 개념을 배웠지만, 전혀 다른 형태의 A-1, A-2, A-3, 때로는 전혀 상관없는 개념이라 생각되는 것과 합쳐서 B라는 문제를 만들기도 한다. 그럼 왜 이런 차이가 나는 것인가. 바로 수능이라는 시험 때문이다. 전국 단위의 시험인 수능은 매해 같은 범위에서 출제하지만 같은 형태를 반복해서 출제할 수 없으니 매번 새로운 유형의 문제를 만들어 낸다. 그렇게 만들어진 문제는 그다음 해에 신유형으로 모든 문제집에 추가되고, 파생적으로 그와 비슷한 여러 문제 형태를 만들어 낸다. 그리고 학교 선생님들은 그 형태를 참고해서 내신 시험 문제를 출제하기 때문에 기본 개념보다 훨씬 다양한 형태의 문제 유형이 존재하게 되는 것이다.

따라서 중학교 때처럼 개념 공부보다 유형에 초점을 맞추어 공부하게 되면 고등학교 수학의 양이 너무 많게 느껴지고 흥미도 잃게 된다. 물론 수학을 고등적인 암기 과목이라 생각하고 삼천 가지가 넘는 유형(고1부터 고3까지의 모든 수학 교과)을 모두 외워 버리는 방법도 있지만, 그런 공부 방법은 반드시 한계가 있기 마련이다.

그래서 우리는 평소에 공부할 때, 한 가지 개념을 중심으로 그 개념이 어떤 단계를 거쳐서 문제에 표현되고, 또 그것을 해석할 수 있는지 분석하며 공부해야 한다. 그렇게 개념을 가지고 문제를 분석하다 보면 문제에 대한 이해도도 높아지고 새로운 형태로 문제가 바뀌어도 조건을 해석해서 알고 있는 개념을 적용할 수 있다.

고등학교 수학에서 가장 중요한 개념 중 하나라고 볼 수 있는 미분계수를 이용한 문제 풀이로 개념 공부의 중요성과 그 방법을 알아보자.

Q1 교과서적 개념

함수 $y = f(x)$가 주어져 있고, $x = a$에서의 순간변화율을 구하고자 한다. 일단 순간적인 변화를 관찰하기 위해서 $x = a$일 때의 점과 x값이 h만큼 떨어진 $x = a + h$일 때 두 점의 변화율을 x의 변화량분의 y 변화량으로 나타내 보자.

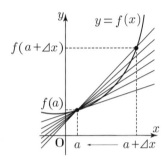

$\dfrac{f(a+h)-f(a)}{h}$ 이때, $x = a$에서의 순간적인 변화를 구하기 위해서 $h \to 0$으로 한없이 가까이 보내는 표현을 극한의 개념을 사용해서 $\lim\limits_{h \to 0} \dfrac{f(a+h)-f(a)}{h}$로 적을 수 있고, 이 값이 존재할 때 우리는 $\lim\limits_{h \to 0} \dfrac{f(a+h)-f(a)}{h} = f'(a)$ 라고 쓰고, f 프라임 a라고 읽는다. 그리고 이것을 $x = a$에서의 순간변화율 또는 미분계수라고 약속한다.

Q2 문제에 필요한 개념의 재해석

이 개념을 정확하게 이해하기 위해서 $x = a$일 때의 점과 x값이 $2h$만큼 떨어진 $x = a + 2h$일 때의 두 점의 변화율을 생각해 보자. 조금 전에 한 것과 같은 방식으로 두 점의 변화율을 나타내면 $\dfrac{f(a+2h)-f(a)}{2h}$ 가 된다.

이때도 $x = a$에서의 순간적인 변화를 구하기 위해서 $h \to 0$으로 한없이 가까이 보내면 $2h \to 0$으로 한없이 가까이 가게 된다. 이를 식으로 적으면 $\lim\limits_{h \to 0} \dfrac{f(a+2h)-f(a)}{2h}$ 가

되고, 그래프를 이용해서 기하적으로 살펴보면 h가 0으로 한없이 다가갈 때 우리가 표현한 두 변화율 모두 $x = a$에서의 접선의 기울기를 뜻하게 된다. 미분계수의 기하적 의미가 접선의 기울기라는 것과 결국 두 식 모두 같은 값을 표현한다는 사실을 알 수 있다. 따라서 $\lim\limits_{h \to 0} \frac{f(a+2h)-f(a)}{2h}$도 $f'(a)$라고 쓸 수 있다.

결국, 분자와 분모에 쓰인 변화하는 식의 형태를 같게 만드는 것이 미분계수 정의의 핵심 포인트임을 확인할 수 있고, 이렇게 개념을 식과 그래프로 정확하게 이해하는 것이 중요하다.

(예제 1) 개념을 바로 활용한 기본 문제

다항함수 $f(x)$가 $f'(1) = 1$일 때, $\lim\limits_{h \to 0} \frac{f(1+h)-f(1)}{h}$ 의 값은?

우리가 배운 미분계수의 정의에 a 대신 1을 넣으면 $f'(1)$이 되고 그 값이 1이 된다. 개념에 대한 이해가 없이도 식만 알면 풀 수 있는 그런 문제이다. 하지만 단순하게 정의를 외우지 말고 h의 역할을 잘 알고 있어야 한다. 이제 변형을 해 보자.

(예제 2) 개념의 모양을 조금 바꾼 문제

다항함수 $f(x)$가 $f'(1) = 1$일 때, $\lim\limits_{h \to 0} \frac{f(1+2h)-f(1)}{3h}$ 의 값은?

분자와 분모에 쓰인 0으로 변화하는 식의 모양이 다르다. 함수 안에 들어가는 값을 변화시키기는 힘들기 때문에 분모의 식을 바꾸어 $2h$로 쓴다. 원래 분모에 2는 없었으므로 분자에 다시 2를 곱하고 원래 있었던 3을 뒤로 빼서 적으면

$$\lim_{h \to 0} \frac{f(1+2h)-f(1)}{3h} = \lim_{h \to 0} \frac{f(1+2h)-f(1)}{2h} \times \frac{2}{3}$$

로 쓸 수 있다. 이는 우리가 사용할 수 있는 정의로 형태를 조금 바꾸어 준 것뿐이다. 핵심은 변화하는 부분을 같게 만들어 주는 것이므로 변화하는 부분이 $2h$로 같아졌기 때문에 우리가 약속한 미분계수의 정의를 만족하게 된다. 따라서 $f'(1) \times \frac{2}{3}$ 가 되어서 답은 $\frac{2}{3}$이다.

(예제 3) 용어까지 달리하는 문제

곡선 $y = f(x)$ 위의 점 $(2, f(2))$에서 접선의 기울기가 1일 때,

$\lim\limits_{h \to 0} \dfrac{f(2+5h) - f(2-h)}{h}$의 값은?

$(2, f(2))$에서 접선의 기울기가 1이라는 것은 $x = 2$에서의 미분계수가 1이라는 것을 의미한다. 즉, $f'(2) = 1$이라는 것이다. 이처럼 같은 개념을 다른 용어로 잘 표현하는 것이 고등학교에서는 중요한 포인트이다. 한 가지 개념을 여러 가지 형태로 알고 있어야 한다.

정의를 사용하려니 $f(2)$라는 함숫값이 분자에 빠져있다. 따라서 정의에서 사용되는 y의 변화량을 표현하기 위해서 $-f(2)$를 분자에 적힌 식 가운데에 넣어 주고, 원래 없던 것을 넣었으니 다시 $+f(2)$도 넣어 준다.

$$\lim_{h \to 0} \frac{f(2+5h) - f(2-h)}{h} = \lim_{h \to 0} \frac{f(2+5h) - f(2) + f(2) - f(2-h)}{h}$$

이렇게 바뀐 식을 변화량이라는 의미를 살려 분수를 쪼개면 다음과 같다.

$$\lim_{h \to 0} \left\{ \frac{f(2+5h) - f(2)}{h} - \frac{f(2-h) - f(2)}{h} \right\}$$

이때, 뒤쪽에 적힌 식은 분자에서 −를 앞쪽으로 빼준 것이니 잘 봐야 한다.

이제 변화되는 부분을 같게 만들어 주기 위해서 앞쪽의 식은 분모를 $5h$로 적고 원래 5는 없었으니 $\times 5$를 해 준다. 같은 방법으로 뒤쪽의 식도 변화되는 부분을 같게 만들기 위해서 분모를 $-h$로 만들고 원래 -1은 없었으니 $\times(-1)$을 해 준다.

$$\lim_{h \to 0} \left\{ \frac{f(2+5h)-f(2)}{5h} \times 5 - \frac{f(2-h)-f(2)}{-h} \times (-1) \right\}$$

변화되는 부분을 같게 만들어 주었으니 정의에 의해서 $f'(2) \times 5 - f'(2) \times (-1) = 5f'(2) + f'(2) = 6f'(2) = 6$ 이 나온다.

제일 처음 개념을 배우고 쉬운 문제를 해석할 때 단순하게 답을 찾는 풀이가 아닌 개념에서 핵심이 되는 부분을 정확하게 파악하고, 문제가 조금씩 변형될 때 그 의미를 정리하며 다시 한 번 개념을 복습하는 과정을 거치면서 수학 개념을 완벽하게 학습할 수 있게 된다. 이렇게 단순한 식이 아닌 그 개념의 의미를 정확하게 알면 문제에서 변형된 식이 나와도 당황하지 않고 그 의미를 찾아서 해결할 수 있다. 그게 바로 제대로 된 수학 개념 공부이다.

수학 Q2

시험 볼 때, 실수를 많이 해요

> 단어와 문장 위주로 끊어서 문제를 해석하고, 중요한 부분은 꼭 마킹을 하고 수식 또는 개념으로 옮겨서 적어 두어야 한다. 중요한 것은 내가 어떤 부분의 문제를 잘못 읽는지, 어떤 개념의 조건을 잘못 파악하는지에 대한 정확한 자각이 필요하다. 이것을 '실수 노트'로 정리하고 문제를 푸는 매 순간 반복적으로 상기시키며 기억해야 한다. 이렇게 공부하다 보면 30번까지는 아니더라도, 적어도 문제를 잘못 읽거나 조건을 놓쳐서 틀리는 경우는 발생하지 않을 것이다.

Q1 실수라고 부르는 여러 상황

상황 1 "선생님, 개념이 헷갈려서 틀렸어요."

이건 실수가 아니다. 헷갈린다는 건 그냥 모르는 것과 같다. 이런 학생들은 앞의 〔수학 Q1〕을 보면서 자신의 수학 공부법을 한 번 더 생각해 보고 진지하게 수학 공부를 다시 시작하는 게 좋다.

상황 2 "문제를 잘못 읽어서, 조건을 깜박하고 빠트려서….."
"다 아는 내용인데, 실력을 제대로 발휘하지 못했어요."
"머리는 좋은데, 문제에서 꼭 덜렁거려 조건을 빼먹거나 아는 것도 못 풀어요."

이럴 때 '어이가 없다'라고 한다. 수학 문제 풀이는 조건을 해석하고 그에 맞는 개

넘을 활용하는 것이 핵심이다. 실수라고 느끼지만 결국 이것도 실력인 셈이다. 수학을 아주 잘하는 학생의 특징은 실력을 떠나서 실수가 거의 없다. 아주 잘하고 그냥 잘하고의 차이는 실력의 차이가 아니라 실수를 줄이는 집중력의 차이이다. 그럼 어떻게 하면 집중력을 높이고 문제에서 조건을 놓치지 않을까?

상황 3   "다 잘 풀었는데, 계산에서 실수했어요."

사칙연산 실수, 대입이나 이항, 전개 과정 중 부호 실수, 이런 실수는 누구나 할 수 있다. 다만 계속 반복되어 시험을 볼 때마다 트라우마로 남아 있다면 수학을 공부하는 습관 자체가 잘못 들여진 경우이다. 잘못된 습관에 대한 정확한 진단 후 그것을 고치기 위한 처방이 필요하다.

Q2 왜 그런 실수가 일어나는지 원인 진단하고 처방하기

유형 1   문제를 잘못 읽거나 조건을 깜박하고 빠트리는 대표적인 유형

도형의 이동

방정식에서 이차방정식~, 그냥 방정식~ 의 차이

진단: 대부분 학생들이 기억에 의존한 문제 풀이를 한다. 사소한 조건 하나 차이로 전혀 다른 형태의 문제가 되는데, 이를 인식하지 못하고 단순히 이전에 풀었던 문제 풀이 과정을 떠올리며 풀이하는 경우 실수가 잦아진다. 평소 문제를 풀 때, 먼저 문제를 분석하고 풀이의 개요를 짠 다음, 어떤 개념을 사용해야 하는지 정리하면서 공부하는 것이 문제를 통한 개념 정리이다. 그러나 단순히 문제를 풀고 답만 찾는 영

혼 없는 반복 훈련만 하는 경우가 대부분이다. 이렇게 공부하면 수학이 재미없어지고 싫어지게 된다. 그리고 아무리 문제를 많이 풀어도 정작 어려운 문제는 전혀 풀지 못하는 한계를 가지게 된다. 결국 이것이 상위권과 중위권을 가르는 차이가 된다.

처방: 단어와 문장 위주로 끊어서 문제를 해석해야 한다. 그리고 중요한 부분은 꼭 마킹을 하고 수식 또는 개념으로 옮겨서 적어 두어야 한다.

이차방정식에서 $ax^2 + bx + c = 0$이면 $a \neq 0$이라고 써야 하고, 분수식으로 표현된 경우는 반드시 (분모) $\neq 0$이라는 형태로 적어 두어야 하며, 양수 a라고 표현된 것 역시 수식으로 $a > 0$이라고 써 놓아야지 문제 마지막까지 의미를 살려서 조건을 놓치지 않게 된다. 도형의 이동에서 '~로 옮긴', '~를 옮긴'과 같이 문제에서 말하는 주어를 정확하게 파악해야 하며 이런 곳은 특별하게 체크해야 한다. 단순히 문제를 잘못 읽었거나 조건을 잘못 봤다고 생각할 것이 아니라 내가 어떤 부분에서 잘못 읽는지, 어떤 개념의 조건을 잘못 파악하는지에 대한 정확한 자각이 필요하다. 이것을 '실수 노트'로 정리하고 문제를 푸는 매 순간 반복적으로 상기시키며 기억해야 한다. 그런데 놀라운 것은 이런 공부 방법이 익숙해지면 개념을 마지막 '결과인 공식'으로 보지 않고 '시작인 조건'으로 보는 눈이 생긴다. 그런 조건 하나하나에 의미를 부여하다 보면 수학 문제를 푸는 깊이가 달라지고 어느 순간 고난도 문제에서 조건을 하나씩 분석하는 자신을 발견하게 될 것이다. 30번 문제를 풀기 위해서 '처음부터 다시 수학 공부를 하는 것이 빠르다'라고 말하는 이유가 바로 이런 공부 방법을 습관화시키는 것이 그만큼 어렵기 때문이다. 하지만 이렇게 공부하다 보면 30번까지는 아니더라도, 적어도 문제를 잘못 읽거나 조건을 놓쳐서 틀리는 경우는 발생하지 않을 것이다.

유형 2   다 잘 풀고 나서 단순 계산 실수를 하는 대표적인 유형

정말 단순한 사칙연산 실수

대입이나 이항 같이 식을 전개할 때 부호 실수

공식에 대입할 때 계수 착각

진단 1: 평소 계산 실수가 잦거나 계산이 늦으면, 만약 여기서 말하는 계산이 더하기, 빼기, 곱하기, 나누기이면 문제가 심각하다. 그러면 초등 수학부터 다시 시작해야 한다. 여기서 말하는 계산은 식을 전개하는 과정이다.

처방 1: 이런 기본적인 식 전개가 어려운 경우, 고1 때 나오는 곱셈 공식, 인수분해 등의 다항식 부분을 중학교에서 배운 내용까지 더해서 개념의 정확한 이해가 필요하다. 특히, 곱셈 공식이나 인수분해가 머리로 한번에 이해가 안 된다면 귀찮더라도 하나씩 다 전개해 가면서 그 원리를 직접 손으로 익혀야 한다. 원리를 정확히 파악해야 개념으로 정리되고 그래야 계산이 정확해지고 속도가 붙는다. 초보 운전자가 운전을 서투르게 하는 것은 어떤 상황에 어떻게 해야 할지를 몰라서 마음이 불안하기 때문이다. 직접 손으로 익힌 원리를 통해 기본 개념을 충분히 익힌 다음, 계산 과정을 어떻게 진행해 나갈지를 빨리 결정하는 것이 시간도 절약하고 불안감을 줄이는 데도 큰 도움이 된다.

진단 2: 평소에는 실수가 없는데, 유독 시험 때만 계산 실수를 하는 학생의 경우에는 크게 두 가지 요인을 가지고 있다. 첫 번째는 풀이를 적는 과정에 잘못된 습관이 잡혀 있는 경우이다. 그래서 중요한 순간, 그 잘못된 습관 때문에 실수가 반복되는 것이다. 수학은 사실 운동과 비슷해서 습관이 정말 중요하다. 어떤 운동을 배울 때 기본적인 자세가 매우 중요하듯, 처음에는 그 차이를 몰라도 시간이 지날수록 그 차이는 확실해진다.

두 번째는 심리적인 부분이다. 평소 공부하는 환경과 시험에서 문제를 푸는 환경은 큰 차이가 있고, 이 갭이 크면 클수록 시험 때 심리적으로 불안해질 가능성이 높아진다. 그러면 실수를 할 가능성도 높아진다. 유독 이것이 수학이라는 과목에서 크게 느껴지는 이유는 한 문제당 배정되는 시간과 풀이를 적는 공간의 차이가 많이 나기 때문이다. 물론 전혀 다른 환경에서도 실수 없이 척척 잘하는 사람들도 있지만, 여러분의 비교 대상으로 삼아서는 안 된다. 원래 글씨를 못 쓰는 사람이 더 좋은 필기구로 써야 그나마 잘 써지는 원리와 같다. 진짜 잘 쓰는 사람은 아무 필기구로 써도 잘 쓰기 때문이다. 선생님도 악필이라 엄청 좋은 펜을 쓰기 때문에 이 점은 확실하게 말할 수 있다. 본인이 평소에 문제를 푸는 환경과 시험 때를 비교해 보고, 평소 지나치게 여유롭게 문제를 풀거나 여기 조금 저기 조금 대충 숫자만 끄적거리며 적지는 않은지 지금 당장 자신의 수학 연습장과 문제집을 확인해 보길 바란다.

처방 2: 학생들이 가지고 있는 가장 잘못된 습관 중 하나가 귀차니즘 때문에 머릿속으로 암산한 다음 식을 적는 것이다. 평소에는 시간 제한도 없고 편안한 마음으로 문제를 푸니까 하지 않던 실수도 시험이라는 외부적인 상황이 달라지면 실수하는 포인트가 될 수 있다. 따라서 귀찮더라도 절대 생략하지 말고 과정을 다 적는 습관을 들이고 +, −를 양변에 곱하거나 사소한 계산 실수가 나올 때 정확하게 표시를 해야 한다. 치환을 하는 경우 치환하는 범위를 정확하게 표시하고 연산을 해야 하며, 대입하는 과정에서도 바로 암산해서 식을 적지 말고 대입하는 식을 괄호로 정확하게 구분한 다음 전개해야 한다. 이렇게 본인이 실수하는 포인트를 정확하게 적고, 평소 문제를 풀 때 이렇게까지 해야 하나 하는 마음이 생길 때까지 반복하는 것이 중요하다. 과정을 모두 또박또박 쓰면 시간이 느려지리라 생각하는데, 이건 잘못된 생각이다. 오히려 한 번에 정확하게 계산하는 것이 정답률도 올라가고 확인하는 시간을 줄여서 시험에서는 더 효과적일 수 있다. 그리고 그 과정이 습관화되면 속도는 자연스럽게 빨라지며 더는 계산 실수 때문에 마음 아픈 일이 생기지도 않을 것이다.

시험에서 심리적인 안정을 찾아 실수를 줄이는 방법으로는 일단 평소에 시험과 똑같이 시간을 정하고 문제 푸는 연습을 하기를 추천한다. 한 문제 풀고 답 확인하고, 이런 습관은 절대 안 된다. 학교 내신에서 20문제를 50분 안에 본다면, 10문제를 20분 안에 해결하는 연습을 해야 한다. 실제 시험에서는 마킹하는 시간까지 확보해야 하므로 평소 빠른 시간 안에 문제를 집중해서 해결하는 연습을 하는 것이 좋다. 이런 속도에 익숙해져야 실제 시험에서 시간 부족 없이 문제를 해결할 수 있다.

그리고 학교 홈페이지에 올라온 작년 시험지를 통해서 그 크기와 여백이 얼마나 되는지 확인해야 한다. 평소에 그 정도 공간에 정확하게 문제 풀이 연습을 하는 것이 좋다. 계산 실수를 하는 가장 큰 이유 중 하나가 본인도 제대로 알아보지 못하는 풀이를 적는 습관 때문이다. q와 9, t와 + 같은 것들은 의도적으로 하나를 흘려 쓰거나 필기체 형태로 써서 누가 봐도 다른 문자임을 인지할 수 있어야 한다. 이런 사소한 차이가 그동안의 실수를 만든다는 사실을 꼭 기억하고, 누구나 할 수 있는 일을 정확하게 하는 것이 가장 어려운 일임을 꼭 깨달아야 한다.

지금까지 상황별로 실수를 줄이는 방법을 살펴보았는데, 모든 내용의 핵심은 본인 스스로 실수하는 부분을 정확하게 파악하는 것이다. 대부분 학생이 '나 실수했어…, 흑…' 그냥 이렇게 말하고 끝내고서는 실수는 본인의 실력이 아니라고 생각하여 고치려는 마음도 가지지 않는 것이 문제이다. 단순히 개념을 공부하는 것보다 더 힘든 것이 실수를 줄이는 일이라는 것을 명심해야 한다. 이건 정말 자신의 모든 행동 하나하나를 분석하며 고쳐나가야 하는 부분이기 때문이다. 실수 역시 실력이라는 사실을 정확히 받아들이고, 선생님의 처방을 하나씩 따르다 보면 더 완벽한 수학을 공부할 수 있게 되어 성적 향상에 큰 도움이 될 것이다.

수학 Q3

문제를 풀 때, 어떤 개념이 필요한지 모르겠어요

실제 시험에서 단원명을 주고 문제를 내는 경우는 없다. 그래서 문제를 봤을 때 제일 먼저 떠올려야 하는 것은 그 문제가 어떤 단원의 어느 개념을 사용했는지이다. 잘못된 방법으로 공부하다 보면 문제집에 있는 문제는 잘 해결하지만, 정작 시험 결과는 항상 기대에 미치지 못하는 경우가 많다. 자신의 문제점을 정확히 인식하고 그것을 고친 후, 가장 기본이라고 생각하는 습관을 자신의 것으로 만드는 것이 중요하다.

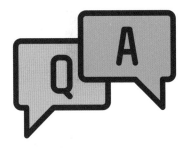

Q1 우리가 흔히 보는 참고서의 구성이 개념 공부를 방해한다

우리가 흔히 접하는 참고서의 구성은 '개념 1'을 배우면 그 개념의 쉬운 문제(하)부터 가장 어려운 문제(상)까지 공부하고, 그다음 내용을 공부하도록 구성되어 있다. 따라서 학생들도 참고서의 구성대로 '개념 1'을 익히고 그 개념만 적용하면 풀 수 있는 문제를 풀기 때문에 해당 개념만을 생각하고 문제를 푼다. 따라서 문제를 통해서 개념을 발견하지 못하고 단순하게 문제의 답만을 찾는 과정을 반복하게 된다. 즉, 개념을 문제와 연결하지 못하고 단순히 문제의 답을 찾는 과정에만 집중하게 되어 조금만 문제가 변형되어도 해당 개념을 생각하지 못하고 전혀 다른 문제라고 인식하게 된다.

하지만 실제 시험에서 단원명을 주고 문제를 내는 경우는 없다. 그래서 문제를 봤을 때 제일 먼저 떠올려야 하는 것은 이전에 풀었던 풀이 경험이 아니라, 그 문제가 어떤 단원의 어느 개념을 사용했는지 떠올려 보는 것이다. 하지만 대부분 학생들은 개념보다는 경험에 의한 풀이 과정을 떠올린다. 그 과정에서 자신이 풀었던 문제와 일치하면 문제를 해결하지만, 그렇지 않을 경우에는 대부분 숫자만 바뀌어도 전혀 다른 문제라고 인식하게 된다. 이처럼 잘못된 방법으로 공부하다 보니 아무리 수학 공부를 해도 문제집에 있는 문제는 잘 해결하지만, 정작 시험 결과는 항상 기대에 미치지 못하는 것이다.

'선생님, 누구는 이렇게 해도 공부 잘하던걸요?' 이런 질문은 정말 어리석은 질문이다. 혹시 수영을 해 본 적 있는가? 아니, 어떤 운동이라도 상관없다. 어떤 사람은 1년이 지나도 물에 뜨지도 못하는 사람이 있지만, 누구는 하루 만에 자유형을 척척 해내는 사람이 있다. 수학도 마찬가지이다. 내가 이런 문제로 고민하고 있다면 잘하는 사람과 비교하지 말고 자신의 문제점을 정확히 인식하고 그것을 고친 후, 가장 기본이라고 생각하는 습관을 자신의 것으로 만드는 것이 중요하다. 수학은 다른 과목과는 전혀 다르게 공부해야 한다.

Q2 제대로 개념 공부를 해야 한다

우리는 때로 문제가 풀리지 않으면 개념이 부족하다고 생각하기 쉽다. 그리고는 누군가 정리해 둔 용어와 정의, 정리 등을 온갖 펜을 동원해서 밑줄을 긋고 동그라미도 그리며 열심히 암기한다. 이것은 수학 공부가 아니다. 수학에서 개념은 기본적으로 그것을 대표하는 문제를 통해서 해석을 할 수 있어야 한다. 물에 뜨는 원리를 안다고 우리가 박태환처럼 수영할 수는 없다. 공을 던지는 원리를 안다고 류현진처럼 스트라이크 존에 공을 던질 수도 없다. 수학도 마찬가지이다. 개념을 단순히 외운다고 문제를 풀 수 있는 것이 아니다. 우리는 문제를 통해서 개념을 발견할 수 있어야 하며, 개념 공부의 시작은 문제를 제대로 해석하는 것에서 출발한다.

그럼 문제를 개념으로 해석한다는 것이 무엇을 뜻하는지 예를 통해 살펴보자.

(예제 1) 2015년 6월 〈2016학년도 모의평가〉

15. 함수 $y = \log_3 x$의 그래프를 x축의 방향으로 a만큼, y축의 방향으로 2만큼 평행이동한 그래프를 나타내는 함수를 $y = f(x)$라 하자. 함수 $f(x)$의 역함수가 $f^{-1}(x) = 3^{x-2} + 4$ 일 때, 상수 a의 값은? [4점]

① 1   ② 2   ③ 3   ④ 4   ⑤ 5

이 문제를 어떻게 풀 것인가. 역함수 문제를 보고 대부분 학생들이 하는 행동은 역함수를 직접 구하는 것이다. 역함수라는 개념을 암기식으로 공부한 학생의 정말 전형적인 행동이다.

풀이를 간략하게 보면,

평행이동한 함수를 구하기 위해서 x대신 $x - a$를, y대신 $y - 2$를 대입한다.

$y - 2 = \log_3 (x - a)$이고, 이를 정리하면 $y = f(x) = \log_3 (x - a) + 2$이다.

역함수를 구하면 $x = \log_3 (y - a) + 2$이다.

이를 y를 x로 정리하면 $f^{-1}(x) = y = 3^{x-2} + a$이다. 따라서 $a = 4$이다.

물론 틀린 풀이는 아니다. 하지만 우리는 이 문제를 통해서 역함수를 제대로 이해하고 그 성질을 해석할 것이며, 역함수라는 개념이 다른 개념들과 만나면 어떻게 활용되는지까지 생각하는 것이 진정한 수학 공부이다. 이렇게 철저하게 문제를 분석하고 문제에 쓰이는 조건과 용어 각각의 의미를 부여해 가면 머릿속에서 흩어져 있던 개념들이 하나로 합쳐진다. 그때야말로 개념의 진정한 의미를 찾을 수 있게 된다.

문제를 통한 개념 정리와 이를 확장한 풀이

역함수에서 가장 중요한 성질은 다음과 같다.

① 역함수를 가지는 함수는 일대일대응이다.

② $f(a) = b$이면 $f^{-1}(b) = a$이다.

③ 그래프에서 $y = x$에 대칭이 된다.

이 성질을 이해해서 문제에 적용해 보자.

주어진 함수 $y = \log_3 x$에서의 한 점을 생각하자.

가장 쉽게 생각할 수 있는 점은 $(1, 0)$이다.

이 점을 평행이동하면 $(1 + a, 2)$가 되고, 이는 $2 = f(1 + a)$를 만족한다.

역함수의 성질에 의해서 $1 + a = f^{-1}(2) = 3^{2-2} + 4 = 5$이다.

따라서 $a = 4$가 된다.

우리가 너무나 당연하게 생각하는 역함수의 가장 중요한 성질을 가지고도 문제를 해결할 수 있다. 그리고 멈추지 말고 개념을 확장해 보자.

우리는 이 역함수가 다른 개념에서는 어떤 식으로 쓰이는지 위의 핵심 성질을 가지고 정리해 볼 수 있다. 이 내용은 단순히 역함수 개념이 쓰이는 단원에서는 절대 나오지 않는 내용이다. 이렇게 스스로 정리하는 것이 바로 제대로 된 수학 공부이다.

미분 가능한 함수에서 이 함수가 역함수를 가지게 되면 ①의 성질에 의해서 계속 증가하거나 감소하는 함수가 되어야 한다.

따라서 상수함수가 아닌 $f(x)$는 $f'(x) \geq 0$이거나 $f'(x) \leq 0$이다. 또 ②와 ③의 성질에 의해서 역함수의 미분계수 $(f^{-1})'(b) = \dfrac{1}{f'(f^{-1}(b))}$ 이라는 사실도 그래프를 통해서 이해할 수 있다.

이는 단순히 미분이라는 개념뿐만 아니라 적분과도 종합적으로 이해할 수 있고 다른 여러 개념에도 응용된다. 물론 처음부터 이렇게 공부할 수는 없을 것이다. 가장 기본적인 문제를 통해서 개념이 사용되는 정확한 원리와 문제의 조건, 용어를 연결하는 연습을 꼼꼼히 하도록 하자. 이때, 문제를 많이 푸는 것은 전혀 도움이 되지 않는다. 전체적인 내용을 학습한 다음 조금 더 큰 단위로 쪼개어 단원을 구분하는 것이 좋다. 적어도 소단원으로 공부했던 것을 대단원으로 분류해서, 일단 문제를 풀고 정답만 확인하지 말고 자신이 공부했던 가장 기본적인 참고서를 펼치고 그 문제가 어떤 개념에서 출발했는지, 그리고 어떤 조건이나 용어가 그 개념에 연결되는지 하나씩 정리한다. 그래야 문제가 변형되어도 우리는 조건이나 용어를 통해서 해당 개념을 떠올릴 수 있고 문제를 해결하는 단서를 발견하게 된다. 이제 드디어 진정한 개념 공부를 시작할 수 있게 된 것이다.

이런 과정을 거친 학생들에게는 드디어 많은 문제를 통한 실전 연습이 필요하다. 우리가 흔히 말하는 양치기는 이때부터 100% 효과를 발휘할 수 있다. (이런 과정이 생략된 양치기가 전혀 효과가 없는 것은 아니다. 다만 그 효율이 말도 못하게 떨어질 뿐이다.)

Q3 제대로 개념 공부를 했으면 이제는 실전이다

풀이 과정의 개요 작성하기

자투리 시간에 우리는 흔히 영어 단어 외우기를 많이 한다. 하지만 수학도 얼마든지 자투리 시간에 공부할 수 있다. 바로 풀이 과정의 개요를 짜는 것이다. 수학을 자투리 시간에 공부한다는 생각을 가지는 학생은 드물다. 하지만 선생님의 생각으로는 집중하기 어려운 환경에서 무엇인가를 암기하는 것이 더 비효율적이라는 생각이 든다. (물론 사람에 따라 다를 수 있겠지만) 그런 자투리 시간에는 내용을 암기하는 공부보다 과정을 자동화시키는 공부를 하는 것이 훨씬 효율적이라고 생각한다. 그래서 생각해낸 것이 풀이 과정의 개요 작성하기이다.

우리가 내신이나 수능에서 만나는 대부분의 문제들은 각 개념을 대표하는 문제들일 가능성이 크고, 이런 문제들이 어떤 방식으로 변형되어도 개념을 이용해서 빠르게 해석하고 체계적인 풀이 과정을 생각해서 실수 없이 한번에 해결하는 것이 좋은 결과를 위한 필수 사항이다.

이때 우리는 문제를 보고 빨리 개념을 생각할 수 있어야 하며, 마지막 답에 이르는 과정을 계산하지 않더라도 그 개요를 생각할 수 있어야 한다. 바로 이 과정이 선생님이 언급한 풀이 과정의 개요 작성하기이다. 각 개념의 대표 문제들을 카드 형태로 편집 출력한 다음 무작위로 배치한다. 그런 다음에 해당 문제를 보고 어떤 개념인지 떠올리고 정답에 이르는 풀이 과정을 머릿속으로 나열하는 것이다.

각 개념의 대표 문제 편집 출력 ▶ 무작위로 배치 ▶ 해당 문제를 보고 어떤 개념인지 떠올리기 ▶ 정답에 이르는 풀이 과정을 머릿속으로 나열하기

앞에서 푼 '예제 1'의 풀이 과정 개요를 작성해 보자.

15. 함수 $y = \log_3 x$의 그래프를 x축의 방향으로 a만큼, y축의 방향으로 2만큼 평행이동한 그래프를 나타내는 함수를 $y = f(x)$라 하자. 함수 $f(x)$의 역함수가 $f^{-1}(x) = 3^{x-2} + 4$일 때, 상수 a의 값은? [4점]

① 1   ② 2   ③ 3   ④ 4   ⑤ 5

1. 함수의 그래프(도형) 평행이동 x대신 $x - a$대입, y대신 $y - 2$대입

2. 역함수 구하기, x, y 자리 바꾸기

3. 식을 정리하여 주어진 함수와 비교하기

이렇게 문제의 개요 분석을 통해 개념을 반복해서 정리하고 다른 개념과 연결할 수 있다면 개념을 더욱 확장할 수도 있다. 그러다 의문이 생기는 순간이 생기면 따로 표시해 둔 다음 집으로 가서 정리할 수도 있다.

이처럼 자투리 시간을 활용하면 엄청난 문제를 단시간에 확인할 수 있고, 알고리즘을 반복적으로 학습하면서 문제 풀이 시간을 단축할 수도 있다. 내신에서는 시간 관리가 생명이며, 수능에서도 기본적인 문제 풀이 시간을 줄여 고난도 문제에 더욱 많은 시간을 투자할수록 고득점 획득에 유리해진다.

지금까지 문제를 통해서 개념을 학습하는 방법에 대해 살펴보았다. 이제 여러분이 실행에 옮기는 것만 남았다. 문제를 바라보는 작은 시선의 차이가 큰 변화를 만들어 낸다는 사실을 꼭 기억하길 바란다.

UNIT 04

영역별 공부법

영어

영어 Q1

영어 단어, 어떻게 외워야 해요?

박재혁 EBSi 영어영역 강사(現) | 이화여자고등학교 교사(現) | 연세대학교 영어영문학과 졸업
연세대학교 교육대학원 영어교육학 석사 졸업
호주 Macquari University 통번역대학원 동시통역/번역 석사 졸업

"

"만성적 영어 단어 부족 증후군"

한국인이라면 누구나 한 번쯤 겪어 봤을 넘사벽 같은 어려움이다. 특히, 고
등학생이라면 3년 내내 단어와 씨름할 정도로 단어는 영어 공부에서 중요하
면서도 어렵다. 가장 큰 문제는 외워도 계속 까먹어서 처음부터 다시 시작하
게 된다는 것이다. 하지만 이젠 그런 걱정은 모두 던져 버리길 바란다. 단어
를 짧은 시간에 많이 외우는 방법을 선생님이 아주 자세히 소개해 줄 거니
까. 자, 그럼 이제 여러분의 이야기를 좀 들으며 시작해 볼까?

"

여러분은 '영어 단어' 하면
어떤 이미지가 떠오르나요?

'내 머릿속의 지우개다', '무조건 암기다', '무거운 짐이다', 'OTL 모드다', '마라톤이다'

영어 단어에 이렇게나 다양한 이미지가 있는데, 하나같이 부정적인 이미지라는 게 그저 놀라울 뿐이다. 역시 영어 단어 공부는 우리에게 긍정적인 느낌을 주는 일은 아닌 것 같다. 하지만 걱정은 NO! 이제 선생님이 '영어 단어' 하면 미소를 지을 수 있는 완벽한 암기 방법을 소개하겠다. '에이, 그런 게 어디 있어요?'라고 생각한 친구들! 선생님만 믿고 책장을 한 장씩 넘겨 보라. 단어 공부의 새로운 세계가 펼쳐질 것이다.

단어 공부, 이래서 어려워요!
먼저, 단어 공부를 할 때 느끼는 어려움에 대해서 들어보자.

"열심히 외워도 복습을 안 하면 바로 까먹는다."

"막상 시험 볼 때는 잘 생각나지 않는다."

"문맥 없이 암기해서인지 기억나지 않는다."

"한 단어에 여러 뜻이 있을 때 어느 뜻인지 모르겠다."

"비슷하게 생긴 단어들이 너무 헷갈린다."

여러분이 고민하고 있는 부분과 상당히 비슷하지 않은가? 자, 그럼 이제 그 고민을 하나씩 해결해 보자!

Let's hit the road!

Q1 외워도 외워도 계속 잊어버려요

'마치 밑 빠진 독에 물을 붓는 것처럼, 단어를 계속 외워도 다음 날이면 새로운 단어로 보이는 것…'을 누구나 한 번쯤은 경험해 봤을 것이다. 이런 친구들은 창의적인 반복만이 정답이다. 이 고민을 해결할 수 있는 세 가지 꿀팁이 있다.

01   ### 1.1.1. 복습법

단어를 외운 뒤 1일 이내에, 1주일 이내에, 1개월 이내에 한 번씩만 다시 보자. 에빙하우스의 망각곡선에 따르면 인간은 새로 알게 된 내용을 24시간 이내에 70% 정도를 잊게 된다고 한다. 참 슬프다. 하지만 발상을 전환해서 생각해 보자. 24시간 이내에 한 번 복습해 주면 70%를 까먹지 않게 된다. 바로 이것이다! 이렇게 해서 1주일이내에 한 번 더, 1개월 이내에 한 번 더 복습하면 그 단어는 장기 기억으로 들어가서 완전히 여러분의 것이 된다는 사실! 1.1.1. 복습법을 기억하길 바란다.

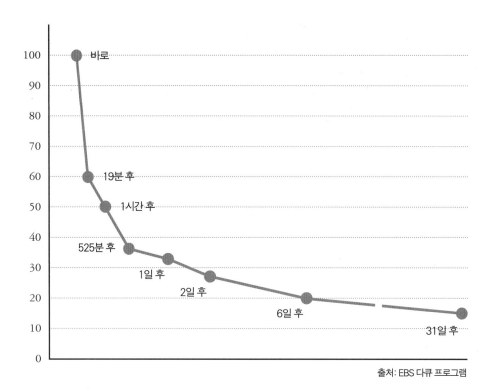

출처: EBS 다큐 프로그램

02 두 번 접어 TEST

이번 꿀팁은 두 번 접어 보는 스스로 테스트이다. 학생들이 쉬는 시간에 흔히 사용하는 방법인데, 쉽고 간단해서 누구나 바로 해 볼 수 있다. A4 용지를 두 번 접고 '단어-뜻-단어-뜻'을 쓴 뒤, 접어서 단어의 의미가 기억나는지 수시로 테스트해 보는 방법이다. 여러분도 아마 이런 경험이 있을 것이다. 평소에는 집중도 잘 안 되고 공부할 맛도 안 나다가 시험 직전이 되면 저절로, 그것도 아주 간절히 집중하게 되는 것! 인간은 압박감이 강하게 느껴지는 상황이 되면 집중력이 극도로 상승하는 경향이 있다. 단어를 외울 때도 세월아 네월아 하면서 여유를 부리기보다는 스스로 시험 보는 분위기를 만들어 주면 단어가 머릿속에 쏙쏙 들어온다는 사실이다.

03 녹음해서 계속 듣고 따라 하기

마지막으로 잘 안 외워지는 단어만 골라서 자기 목소리로 녹음하고, 등·하굣길에 들는 방법이다. '내 목소리가 오글거린다고?', '나는 발음이 별로라고?' 괜찮다. 어차피 나만 들을 것이 아닌가. 발음도 내가 알아들을 수 있기만 하면 된다. 요즘 대부분이 스마트폰을 가지고 있으니 녹음하기도 쉽다. 스마트폰이 아니어도 일반적인 휴대 전화라면 녹음 기능은 대개 있을 것이다. 눈으로 보고 써 보면 될 것을 왜 굳이 말로 하고 녹음까지 해야 하는지 궁금할 것이다. 인간은 하나의 감각보다는 여러 감각을 사용할 때 더 효과적으로 학습할 수 있기 때문이다. 대부분 학생들이 시각으로, 즉 눈으로 단어를 보면서 외우려고 한다. 여기에 녹음 들기를 더하면 시각과 청각을 합쳐서 시청각적 학습을 하게 된다. 따라서 단어가 머릿속에 더 오래 남게 된다. 게다가 자투리 시간도 활용하게 되어 시간도 절약하고 일석이조, 아니 일석삼조의 효과를 거둘 수 있다.

Q2 비슷하게 생긴 단어가 너무 많아서 헷갈려요

아마 아주 많은 학생이 이것 때문에 어려워하고 있을 것이다. '보기에는 다 비슷비슷하게 생겼는데…', '뜻은 조금씩 다르고, 기억은 나지 않고…' 이런 단어가 쌓이기 시작하면 정말 감당할 수 없다. 이럴 땐 어떻게 해야 할까? '뿌리'를 활용하면 된다.

단어의 어원을 활용해라
우리말의 70% 정도가 한자어인 것처럼, 영어의 75% 정도가 파생어 또는 차용어이다. 따라서 자주 쓰이는 어원을 알아 두면 여러 개의 단어를 한 번에 외울 수 있다. 예를 들어 보자.

prince	princess	principle	principal
prime	primary	primitive	priority

pri-(prim/prin)는 '처음', '첫째'라는 뜻이다. 처음 것은 당연히 가장 중요하다. 그래서 가장 중요한 사람인 '왕자, 공주(prince, princess)', '가장 중요한 것(priority)'이라는 단어가 형성된 것이다. 처음 시대는 '원시 시대(primitive)'이고, 또 처음으로 잡아야 할 것은 '원리, 원칙(principle)'이 되는 것이다. pri- 하나로 여덟 개의 단어가 머리에 쏙쏙!

하나 더 살펴보자.

induce	produce	reduce	deduce	educate

duc는 '끌다'라는 의미가 있다. 그래서 '안으로 끌다(유도하다, induce)', '앞으로 끌다(생산하다, produce)', '뒤로 끌다(줄이다, reduce)'라는 의미가 나온 것이다 무턱대고 외우는 것과 비교가 안 될 정도로 효율적임을 알 수 있다. 이제 어원을 활용해 단어를 공부하는 것은 선택이 아닌 필수이다.

Q3   아는 단어도 모의고사 볼 때는 생각이 안 나요

모의고사 예문 노트를 만들어라

이건 마치 퍼즐 한 조각이 전체 그림에서 잘 안 보이는 것과 같다. 문맥(context) 없이 단어만을 단순 암기했기 때문이다. 시험에서 헷갈리는 단어를 만날 때마다 예문을 정리하면 훨씬 잘 기억이 날 것이다. 한 예로 attribute라는 단어를 보자.

while the other group formed the opposite opinion. Once this opinion is formed,

when opposing evidence is presented it can be discounted by attributing later

performance to some other cause such as chance or problem difficulty.

이 글을 보면 'attribute A to B (A를 B의 탓/덕택으로 돌리다)'라는 문장 구조 속에서 의미를 익힐 수 있다. 이런 부분을 하루에 하나씩만 잘라서 노트에 붙여나가도 엄청난 위력을 발휘하는 나만의 단어장이 생기는 것이다.

Q4 한 단어에 여러 뜻이 있는데, 이걸 모두 외우기 어려워요

이것이 제일 어려운 고민이다. 선생님도 단어 공부할 때 이런 점이 가장 힘들었다. 하지만 여러 의미는 서로 연결되어 있다. 조금만 생각해 보면 금방 알 수 있다.

여러 의미를 연결시켜라

observe (v.)

1) 관찰하다 2) (법을) 지키다

아마 1)의 뜻은 잘 알고 있을 것이다. 그런데 2)는 상대적으로 어려울 것이다. 잘 생각해 보자. 법을 지키기 위해서는 먼저 법을 아주 자세히 관찰하는 게 중요하다. 거꾸로 법을 잘 관찰하다 보면 법을 잘 알게 되어 잘 지킬 수 있다. 이렇듯 단어의 여러 의미는 상당 부분 연결되어 있다.

a. 신속한 v. 유도·촉발하다

비교적 어려운 단어이다. 그런데 한 번만 더 생각해 보자. '신속한'이라는 뜻을 생각해 보면, 옆 사람에게 '야, 빨리해. 신속히 처리해'라고 자꾸 말하다 보면 어떤 행위를 촉발하게 된다. 이렇게 단어로 기억하면 억지로 외우는 것보다 훨씬 빠르게 익히고 오래 기억할 수 있다.

Q5 하루에 몇 개씩 외워야 하나요?

주중에는 하루 50개씩 외우고, 주말에는 복습해라

정해진 양은 없지만, 하루에 최대한 많이 외우는 것이 좋다. 의외의 답이라고 생각할 수 있을 것이다. '매일 5개씩 꾸준히 해야지'라는 친구들은 큰 발전을 기대하기 어렵다. 이건 마치 운동으로 체격을 키우는 것과 같은 원리이다. 체격을 크게 만들려면 무엇보다 많이 먹어야 한다. 그래야 그 에너지를 운동으로 태워서 균형 잡힌 몸을 만들 수 있다. 단어 공부도 마찬가지이다. 단어의 양을 획기적으로 늘리기 위해서는 하루에 50개 정도는 외워야 한다. 많이 까먹을 것 같아 걱정될 것이다. 괜찮다. 50개씩 밀고 나가라. 그러면 평일에 총 250개를 외우고, 주말에는 복습하는 시스템이 정착될 것이다. 4주를 하면 1,000개를 외우게 되는 셈이다.

Q6 단어장이 너무 두꺼운데, 어떤 단어부터 외워야 하나요?

모든 단어가 다 중요한 게 아니다
동사 → 형용사 → 명사순으로 외워라

너무너무 좋은 질문이다. 이게 바로 시중의 단어장이 가지고 있는 함정이다. 우리에게는 중요하지 않은 단어까지 외우느라 사용할 시간도 에너지도 너무 아깝다. 그럼 어떻게 해야 할까? 동사부터 외우길 권한다. 문장의 핵심이자 영어의 핵심은 결국 동사이기 때문이다. 단어장을 펴고, 형광펜을 들고, 모르는 동사에만 하이라이트 하면서 한 권을 끝까지 보자. 한 시간 정도면 충분할 것이다. 다음 날 또 보자. 동사를 3회 정독했으면 이제 형용사로 가자. 마찬가지 방식으로 외우고 명사로 넘어가자. 결국 동사, 형용사, 명사를 알면 단어는 걱정하지 않아도 된다.

Q7 어떻게 해야 단어를 빨리 외울 수 있을까요?

모르는 단어만 녹음해서 점심시간마다 들어라

이건 앞에서 이야기한 것과 같은 내용이다. 눈이 빠를까, 귀가 빠를까? 귀가 단연코 빠르다. 여러분이 녹음한 모르는 단어 목록을 매일 아침과 저녁으로 들어 보라! 선생님도 BTS 노래를 계속 들어 놓다 보면 나도 모르게 흥얼거리게 된다. 지속적인 노출로 어느 정도 외우게 된 것이다. 마찬가지로 단어를 계속 들으면 여러분 입에서 저절로 영어 단어가 나오는 날이 올 것이다.

VOCABULARY의 어원

vocabulary라는 단어의 어원(voc)도 voice(목소리/부르다)와 관련이 있다. 빨리 외우는 법, 오래 기억하는 법은 간단하다. 단어의 이름을 최대한 많이, 자주 불러 주면 된다. 단어도 사람과 똑같아서 이름을 여러 번 불러 주면 자연스럽게 친해질 수 있다. 이제 매일매일 단어를 불러 주자. 약점이었던 단어가 이제는 여러분의 강점이 될 것이다.

영어 Q2

해석을 했는데, 무슨 말인지 모르겠어요

이상미   EBSi 영어영역 강사(現) | 충남 삼성고등학교 교사(現) | 강남구청 인터넷 수능방송 강사(現)
한영외국어고등학교 교사(前)

> ❝
>
> '영어 해석을 잘하려면 단어를 많이 외우고, 문법은 기본이니 단계적으로
> 학습해야 하고, 문장 구조도 파악할 수 있어야 한다' 이런 말들 정말 많이 들
> 어봤을 것이다. 학생들은 실제로 이와 관련된 질문들을 많이 한다. 그런데
> 영어 공부를 할 만큼 해서 단어도 문법도 탄탄한 편인 것 같은데, 무슨 말인
> 지 모르겠다고 고민하는 친구들도 상당히 많다. 뭐가 문제란 말인가? 이제
> 여러분의 이 모든 고민을 하나씩 해결해 보려고 한다.
>
> ❞

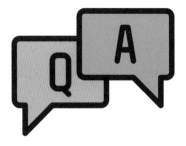

Q1   단어를 아무리 외워도 외워지지 않아요

짱친이 되기 위한 마음♥이 필요해

'단어는 전쟁터의 총알과 같다'는 선생님들의 말씀을 정말 많이 듣긴 했는데, 아무
리 해도 그때뿐이고 외워지지 않아요'라고 호소하는 친구들이 많은 것 같다. 영어
를 가르치는 선생님도 공부를 하면서 이 단어가 저 단어 같고, 철자는 익숙한데 우
리말 의미가 떠오르지 않아서 너무 괴로웠던 경험이 적지 않다. 그래서 어떻게 하면
이 녀석들과 친해질 수 있을까를 생각하게 되었고, 그러면서 '짱친이 되기 위해서
는 뭐가 필요하지?'라는 고민에 빠지게 되었다. 선생님이 내린 결론은 '짱친이 되
려면 일단 자주 얼굴을 봐야 한다'는 것이다. 그리고 또 하나, 미국 친구, 영국 친구
와 친구가 되려면 일단 상대를 '이해'해야 한다는 생각이 들었다. 그래서 선생님은
'어원'이 나와 있는 책을 한 권 사서 '이 친구하고는 짱친이 되어야겠다'는 다짐을
했다. 하지만 짱친은 절대 쉽게 되는 것은 아니었다.

'단어 하나 외우기도 벅찬데, 왜 어원까지 외워야 해?!'라는 생각이 들면서 괜히 억울한 마음도 들었다. 그러다가 어느 날 친구가 '상미야, 그거 뭐였지? 그… proceed? 그거 뭐였지?'라고 나에게 물어보았다. 그때 머릿속에 'pro-(forward)는 앞으로라는 뜻인데… -ceed(go)는 가다라는 뜻이고, 그럼 앞으로 가다. 아! 진행하다, 나아가다구나'라는 생각이 떠올랐다.

pro-(앞으로)

-ceed(가다)

정말 놀라운 건 이런 일을 겪은 이후부터는 어떤 단어를 보면 '이 단어는 어떻게 시작했을까?', '고향이 어디일까?' 하는 궁금증이 생기기 시작했다. 그러면서 어원 공부가 재미있어졌고 새로운 단어들도 '나름의 해석'으로 단어를 이해하게 되었다. pro-라는 어원을 알 뿐인데, progress, propose, produce, protect와 같은 단어들을 지문 속에서 만나도 어렵지 않게 떠오르니 공부가 아니라 그냥 영어가 재미있다는 생각이 들었다.

수학의 여러 개념을 적용해서 어려운 문제를 풀기까지 지루하고 힘든 시간이 있지만, 풀어냈을 때 아주 짜릿한 기분이 들기도 하는 것처럼 영어도 마찬가지이다. '이 단어를 처음 만들 때, 사람들이 어떤 상황에서 무슨 의도로 만들었을까?'를 조금만 생각해 보면 새로운 영어 단어라 해도 더 많은 부분을 알고 싶은 진정한 '짱친'이 될 수 있다고 생각한다.

Q2 하루에 몇 개 단어를 외워야 하나요? 좋은 단어장도 추천해 주세요

'나의 식사 적정량'은 얼마일까?

우리 친구들은 얼마만큼이 자신의 식사 적정량이라고 생각할까? 많은 친구들이 또래 친구들이 먹는 양이 자신이 소화할 수 있는 양이라고 생각하지만 꼭 그렇지는 않다. 선생님은 단어도 자신이 소화할 수 있는 양이 다르다고 생각한다.

선생님도 하루에 단어를 20개도, 30개도, 15개도 외워 봤는데, 생각보다 효율적이지는 않았다. 다른 공부도 해야 하는데, 영어 단어를 외우기 위해 시간을 낸다는 게 큰 부담이기도 했다. '자주 볼 수 있으면서, 가장 효율적인 방법'이 뭐가 있을지 고민하던 중에, 중간 크기의 접착 메모지에 단어를 5개씩 써서 책상의 오른쪽 위에 붙여 놓고 틈이 날 때마다 보는 방법을 시도해 보았다.

처음에는 '5개가 뭐 별거겠어?'라고 생각하며 그냥 가볍게 보기 시작했는데, 이 방법이 아주 아주 좋았다. 수업 중에 힐끗힐끗 철자를 보면서 우리말 의미와 연결하니 기억에도 훨씬 오래 남았다. 그래도 내 것이 안 되는 '애증'의 단어들은 손바닥에 써서 시간이 날 때마다 보니 의미가 연결되기 시작했다. 예전에는 지문 속에서 '무슨 뜻이었지?' 아롱아롱하던 단어의 의미들이 확실히 떠올라서 해석도 편해지고 영어에 자신감도 생겼다.

선생님이 이 과정에서 느낀 것은 사람마다 단어에 대한 소화력도, 외우는 방법도 다르다는 것이다. 우리 친구들에게 선생님이 강추하는 방법과 단어장은 '자신에게 가장 적절한 단어 분량'을 찾고, '자신의 눈에 가장 잘 들어오는 단어장을 선택'해서 수능 시험장까지 가지고 들어가는 것이다. 기본적인 의미가 나와 있는 단어장도 자신이 모르는 단어는 △ → ▲ → ● ★로 표시하면서 관련 있는 단어를 덧붙이면 '나만의, 나만을 위한 단어장'이 된다. 그러기 위해서는 '어떤 방법이 나에게 가장 잘 어울릴까?'를 먼저 고민해 보는 게 중요하다.

Q3 단어 자신감은 뿜뿜, 근데 어떤 지문은 읽어도 정말 무슨 말인지 모르겠어요 뭐가 문제일까요?

01 어법과 구문으로 기본 체력을 기르자

(feat. 빈틈이 많은 공부=오답으로 가는 지름길)

많은 친구들의 고민이자 억울한 점이 '왜 단어를 알아도 해석이 안 될까?'일 것이다. 이런 친구들이 어떻게 문제 풀이를 하는지 상담해 보면, 대부분이 '몇 개의 아는 단어로 전체 의미를 짐작'하고 있다. 특히 2, 3등급의 친구들이 많았다. 단어의 의미를 알고 있기 때문에 나름 정확하게 해석했다고 생각하지만, 문장의 중심 구조를 모르면 엉뚱한 방향으로 해석될 수 있다. 특히, 빈칸 추론 유형의 경우에는 해석을 잘못하면 전체 흐름과 반대되는 선택지를 고르는 재앙이 발생하게 된다.

다음 문장은 2018년 9월 〈2019학년도 모의평가〉에 나왔던 빈칸 추론 유형에서 빈칸이 있는 문장이다.

The constancy of these microclimates depends not just on the location and

insulation of the habitat, but on _____ .

이 문장의 해석을 위해서는 어떤 구문을 알아야 할까? 많은 친구들이 'not A but B(A가 아니라 B)'라고 답했다. 그럴듯한 대답이다. 하지만 이 문장을 정확하게 해석하기 위해서는 'not only A but also B(A뿐만 아니라 B도 역시)' 구문을 알고 있어야 한다. 왜일까? 우리에게 너무나도 익숙한 not only의 only 대신에 just가 쓰이고 부사 also는 생략이 된 문장이기 때문이다. 사실 just 말고도 고등학교 3학년 지문에서는 merely, simply도 only 대신 나오기도 한다. 즉, not just ~ but에 표시했다면 on the location and insulation of the habitat과 on _____ 병렬 어구가 눈에 들어왔을 것이고, 문장의 의미가 더욱 쉽게 보여서 답을 고르기 쉬웠을 것이다.

이렇게, 문법의 기본 개념과 문장에 적용하는 연습이 정말 중요하고 반드시 필요하다. 많은 친구들에게 '분사(participle)가 뭐야?'라고 물어보면 기본 개념에 대해서는 너무나도 청산유수처럼 이야기하지만, 정작 문장 안에서는 동사로 쓰였는지, 분사로 쓰였는지 구분하지 못하는 경우가 많다. 단어 의미만으로 대충 의미를 짐작하고 있는 친구들이라면, 빈틈을 채워 주고 틀을 잡아 줄 수 있는 문법 개념과 구문으로의 적용을 선생님은 강추하고 싶다.

02 구문 + 빈출 표현과 숨바꼭질 놀이

우리 친구들이 주요 표현을 많이 외우기는 하지만, 이 표현들을 문장 안에 적용하지 못하는 경우가 많다. 제한된 시간에 그런 표현들이 눈에 보이지 않는 것도 크게 이상한 일은 아니다. 하지만 그 표현들을 보면서 문장 속에 나올 때마다 한 번 더 눈에

담아 두려고 노력한다면? 생각보다 어렵지 않게 실전에서도 보이게 된다. 선생님은 이런 표현들을 발견하면 '이상미, 완전 잘했어! 최고!' 이렇게 칭찬해 주곤 했다. 공부할 때 스스로에 대한 칭찬은 아낌없이 해 주면 좋다. 그러면 자신감이 생기고 더 잘하고 싶은 생각이 마구마구 들기 때문이다.

다시 빈출 표현의 이야기로 돌아와서, 아래 문장에서 나오는 주요 표현을 살펴보자.

Given that most students will, as adults, work in international markets, the more exposure they receive to different cultural patterns during school years, the more successfully they will make the transition as adults.

한 문장인데 굉장히 길다. 이렇게 긴 문장일수록 주요 표현을 알면 훨씬 도움이 된다. 그러면 주요 표현은 뭘까? 'Given that ~ (~을 고려하면)'과 'the more ~, the more…(~하면 할수록 점점 더 …해지다)'이라는 이중 비교가 중심이다. 이렇게 한 문장 안에 하나 이상의 주요 표현이나 구문들이 혼합되어 나올 수 있다.

또 다른 예시를 살펴보자.

According to the consulting firm McKinsey, knowledge workers spend up to 60 percent of their time looking for information, responding to e-mails, and collaborating with others.

이 문장에서는 'spend(시간, 돈) ~ing' 기본 표현의 병렬 구조(looking, responding, collaborating)를 찾아내면 길게만 보였던 문장이 눈에 쏙 들어올 것이다. 이래서 문법 개념만 알거나 구문 표현만 알아서는 문장 안에서 연상이 안 되므로 결국 해석이 어려워지게 마련이다.

결론은 문장 안에 숨어 있는 구문과 표현을 찾아보면 어렵던 문장이 쉽게 다가오게 된다. 꼭 실천해 보길 바란다.

Q4 주제, 요지, 주장을 찾는 문제들은 쉽다고 하는데, 저는 너무 어려워요 독해의 기본을 알고 싶어요

01 단순 양치기 NO → 선택과 집중

첫 문장

핵심 단어

반복 단어

영어 독해의 가장 기본이 되는 것은 '첫 문장'이다. 선생님은 이걸 '첫 문장의 힘'이라고 부른다. 첫 문장이 주제문이면 더더욱 좋고, 첫 문장이 주제문이 아니어도 주된 소재를 품고 있는 경우가 많아서 바로 다음 부분에서 그 소재를 가지고 주제로 끌고 가기 마련이다. 그래서 반드시 첫 문장은 시간이 좀 걸리더라도 확실히 이해를 하고 넘어가는 게 좋다.

'엄마들이 혹은 선생님들이 중요하다고 생각하는 말을 할 땐 어떻게 하시지? 맞아! 반복적으로 했던 말을 또 하시지' 영어도 마찬가지이다. 핵심 단어들은 반복적으로 제시되기 때문에 선택지에는 반드시 들어가 있다. 단, 제목을 찾는 문제들은 함축적으로 제시된 경우가 많아서 핵심 단어를 피해갈 수도 있으니 이 점도 알아 두어야 한다.

독해의 기본을 알고 싶다면 첫 문장을 확실히 이해하고 반복되는 단어를 찾아보면 된다.

02   지문의 패턴을 풀어 강약 조절을 하자

주요 문장+예시

주요 문장+다시 풀이(that is, in other words)

양괄식(주제문 1+주제문 2)

우리가 어떤 말을 할 때 특정한 패턴이 있듯이, 글을 쓸 때, 그리고 영어 지문도 몇 가지의 패턴을 가지고 있다. 가장 대표적인 패턴이 주요 내용을 말한 후에 예시가 이어지거나 다시 설명하는 구조이다. 때에 따라서는 중요한 내용을 처음과 끝에 두기도 하고, 어떤 경우에는 '하지만, 그러나(however, yet, but, still)'와 같은 역접을 나타내는 표현들을 넣어서 흐름을 바꾸기도 한다. 이 경우에는 앞부분보다 뒷부분이 중심 내용이 되곤 한다. 가장 대표적인 글의 패턴을 살펴보자.

Pattern 1	첫 문장★
Pattern 2	하지만(반대로)
Pattern 3	For example(if ~ / when~) / In addition~ / Similarly
Pattern 4	(many/some) people think(believe)
Pattern 5	Question ⇒ Answer / 명령(should/must)
Pattern 6	연구 ⇒ 결과·발견(find, show, indicate, reveal)

이 중에서 Pattern 1, 2, 3이 앞서 언급된 패턴이다. Pattern 4, 5, 6 역시 수능 지문에서 많이 보이는 구조이다. 특히, Pattern 6은 수능이 아주 좋아하는 구조이다. 연구나 조사, 실험 등의 과정을 넣어 두고 결과로 이어지게 하는 구조는 우리 친구들이 '아~'라고 생각할 만큼 흔한 패턴이기도 하다. 이 경우 중요한 내용은 실험의 과정보다는 결과이다.

이런 패턴을 머릿속에 넣고 있으면, 중요한 내용이 어디에 나올지 예상하면서 독해의 강약 조절을 할 수 있게 되니 빠르고 정확한 독해에 큰 도움이 된다.

Q5 단어도 문법도 탄탄한 편이라고 생각해요 그런데 3점짜리 고난도 문제들은 문장 하나하나는 해석이 되는데, 전체 의미는 파악이 안 돼요

단어 공부 방법을 바꿔 보자

단어 '양치기' → 단어 '맥' 잡기(context)

추상적 의미 → 쉬운 말로 바꾸기(쉬운 유의어·반의어 활용 or 영영사전 활용)

자, 이제 본격적으로 논리적인 독해로 들어가 보자. 선생님은 독해가 '종합 예술'이라고 생각한다. 하나하나의 예쁜 음들이 모여서 음절을 만들 듯, 단어들이 모여서 구와 문장을 만든다. 그리고 음절들이 모여서 하나의 메시지를 주는 아름다운 곡이 되듯이, 문장들이 모여서 필자가 말하고자 하는 '의견'을 나타낸다.

단어도, 문법이나 구문 독해도 어느 정도 만들어졌는데, 전체적인 의미가 잡히지 않는 이유는 뭘까? 지문의 소재가 어려워서? 지문의 길이가 길어서? 지문의 구성이

어려워서? 사실 이 모든 것이 이유가 될 수 있다. 특히, 어려운 수능 연계 문제집의 지문일수록 같은 말을 다른 단어나 표현으로 나타내기 때문에 다른 소재라고 생각할 수 있지만, 사실 같은 이야기를 반복하고 있는 경우가 많다.

그렇다면 같은 말을 다르게 표현하고 있다는 걸 알아차리기 위해서는 어떻게 해야 할까? 유의어나 반의어를 이용해서 다른 말로 표현한다는 것을 알아야 한다. 이를테면 increase를 rise, go up, raise, extend 등으로 다르게 표현한다. 이럴 때 '아…, 다른 단어가 나왔구나'라고 생각하기보다는 '아~, 이렇게 다르게 말하고 싶은 거구나'라고 생각하면 지문을 읽는 재미가 생기게 된다.

'지문이 있으니까 고로 나는 읽는다'가 아니라 '이 내용은 어떤 부분과 연결이 될까?'라는 논리적 연결 고리를 생각하면서 읽으면 신기하게도 글이 유기적으로 연결되었다는 걸 알게 되는 경험을 할 수 있다.

Q6 눈으로는 지문을 계속 읽고 있는데, 머리에 남는 게 없는 것 같아 괴로워요

너의 이야기 = 나의 이야기

너는 항상 멋지구나!
너랑은 뭘 먹어도 맛있어.
너랑 있으니까 시간이 빨리 가네~ ♥
나는 네가 좋아.

선생님이 제일 매력적이라고 생각하는 사람의 유형은 '공감'을 잘하는 사람이다. 누군가가 나의 힘든 이야기나 내가 자랑하고 싶은 이야기를 자신의 이야기인 것처럼 들어줄 때 말하는 사람은 기분이 참 좋아진다. 독해도 마찬가지라고 생각한다. 누군가는 분명 나에게 무엇인가를 말하고 싶어서 글을 썼을 것이다. 그렇다면 그 사람이 나에게 어떻게 말하려고 하는지, 그리고 그 상황이 나에게 벌어졌다면 나는 어떨지 등등을 생각해 보면 지문이 훨씬 쉽게 와닿고 이해가 될 것이다.

우리가 보통 쉽다고 느끼는 지문들은 지문을 구성하는 단어가 쉬워서일 수도 있지만, 내용이 예측할 수 있기 때문이기도 하다. 그건 바로 지문의 내용을 내가 완벽히 이해하고 있고, 다음에 어떤 일이 일어날지 내 머릿속에서 그려질 수 있으니 쉽다고 느끼게 된다.

누군가가 우리 친구들에게 '너는 항상 멋지고 예쁘구나', '너랑은 뭘 해도 재밌고 신이 나', '어머, 너랑 함께하니까 정말 쉽고 재미있다'라고 이야기한다면, 그 말은 '나는 네가 참 마음에 들어'라는 의미이다.

쉽지 않은 일이지만 지문 속 필자가 우리에게 전달하고 싶은 내용이 무엇인지 조금만 귀 기울여 들어보면 곧 필자의 의식의 흐름과 같이 움직일 수 있다. 그러다 어느 순간, 모든 내용을 읽어 보지 않아도 핵심 내용을 이해할 수 있게 되고 결론을 추론할 수 있게 된다.

수능 지문이 사실 하나의 메시지를 완벽하게 전달하기에는 짧은 경우가 많다. 그런데 짧다고 생각한 지문이 정말로 짜임새 있게 연결되어서 '어떻게 이렇게 다른 표현으로 하나의 메시지를 전달할 수 있을까?' 하는 재미있는 지문들도 많다. 쉽진 않을 것이다. 하지만 충분한 가치는 있다.

Don't WAIT for miracles. Make them happen.

선생님이 우리 친구들과 나누고 싶은 말이다. 기적은 충분히 일어날 수 있다. 하지만 기적이 일어나길 기다리고만 있으면, 절대 기적은 일어나지 않는다. 우리 친구들은 충분히 기적을 만들어갈 수 있을 것이다. 분명히! 자, 우리 자신을 믿고 지금부터 한 단계씩 시작해 볼까?

Ready?

한국사 · 사회

개념은 아는데, 문제를 풀면 어려워요

김종익 EBSi 사회탐구영역 강사(現) | 메가스터디 사회탐구 강사(現)

66

사회탐구 공부를 하면서 개념은 다 된 것 같은데, 왜 시험만 보면 실패하는 경우가 많을까? '개념 공부는 완강을 다했는데, 왜 이번 시험에 실패했지?' 라고 좌절하는 친구들이 실제로 많다. 우리는 왜 개념을 다 아는데, 시험만 보면 실패할까? 여러분의 고민을 이참에 완전히 해결해 주고자 한다. 어디 서부터 잘못되었는지 철저히 파헤쳐 보자.

99

Q1   생활과 윤리는 어떻게 공부해야 할까요?

✔ 개념만 알았다고 해서 문제가 풀리는 게 아니다!

✔ 개념의 원리를 이해하고 적용하는 연습이 필요하다!

선택자 수가 가장 많고 선생님이 직접 담당하는 생활과 윤리부터 살펴보겠다. 생활
과 윤리에서 친구들이 많이 틀리는 환경 문제, 개념 공부를 열심히 잘했다고 생각하
고서 막상 수능을 보면 만점을 기대한 친구들도 많이 함정에 빠진다. 싱어, 테일러,
레오폴드, 주저리주저리 그냥 개념을 달달 외우기만 하면 함정에 빠져 문제를 틀리
게 된다. 생활과 윤리는 포인트 맥락을 제대로 짚지 못하면 아무리 개념 암기를 잘
했다고 해도 문제를 풀 수 없다. 각 사상가들이 어떤 이야기를 했는지, 그 이야기가
어떻게 적용됐는지를 스스로 잘 정리해 놓아야 한다.

생활과 윤리는 개념만 외웠다고 해서 아는 것도 아니고, 문제가 저절로 풀리는 것도 아니다. 한 번 훑어본 개념으로는 문제 풀이가 어렵다. 그래서 개념만 공부하고 끝내면 안 되고 개념의 원리를 이해하고 적용하는 연습이 필요하다.

예를 들어, 2018년 10월 〈학력평가〉 4번 문제를 보자.

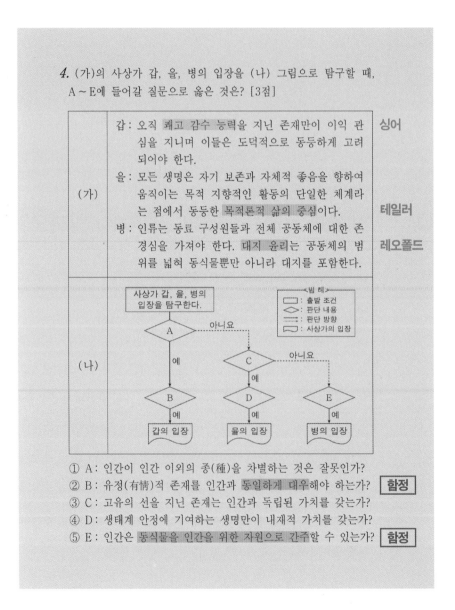

'갑에 있어 쾌고 감수 능력-싱어, 을에 있어 목적론적 삶의 중심-테일러, 병에 있어 대지 윤리-레오폴드'라고 아무리 공부를 했다고 해도 막상 문제를 대하면 함정에 빠지지 쉽다. ②는 싱어 내용인데 감정적 존재(유정), 즉 동물을 인간과 동일하게 대우할 수 없다. 싱어는 이익 관심을 고려하는 것이지, 동물을 인간과 똑같이 대우해야 한다는 것은 아니다. ⑤ 레오폴드는 '대지 윤리'니까 대지 모두 다 존중할 것이고, 그러니까 '동식물을 인간을 위한 자원으로 간주'하지 않을 것으로 생각하면 함정에 빠지게 된다. '동식물을 인간을 위한 자원으로만 간주'한다고 하면 틀리지만, '동식물을 인간을 위한 자원으로 간주'하는 것은 맞다. 그래서 이 문제의 정답은 ⑤이다. 이런 포인트 맥락을 제대로 짚어야 문제를 제대로 풀 수 있다.

Q2　다른 과목들은 또 어떻게 공부해야 할까요?

✔ 다른 과목도 모두 마찬가지이다!
✔ 개념 이상의 학습까지 알아야 가능한 문제 풀이!

생활과 윤리 외에 다른 사회탐구 과목도 알아보자. 제일 먼저 일반사회의 사회문화 과목을 살펴보면 기능론, 갈등론, 상징적 상호작용론 등 모두가 다 알고 있고 많이 공부한 내용이 나온다. 하지만 이런 쉬운 내용도 단편적인 개념 학습으로는 어려운 문제에 적용하기 어렵다. 각 개념의 유기적인 관계까지 이해가 필요하다.

한국지리 내용은 주로 지도, 도표 분석 등이다. 이러한 내용은 개념만 외워서 접근하면 오답에 빠질 확률이 높다. 한국지리의 지도, 그래프의 문제 유형 등은 문제에 주어진 자료의 정확한 해석이 핵심 포인트이다. 한국지리는 무조건 외우면 된다고 생각하면 안 된다.

한국사의 경우도 '문제가 쉽다, 제시문만 보면 풀 수 있겠다'라고 생각하지만 제시문만 보다 보면 같이 외운 단어, 많이 보인 단어가 정답이라고 생각하는 함정에 빠지기 쉽다. 노골적인 단어들을 보기로 주면서 함정을 파 놓기 때문이다. 한국사의 함정도 이러게 세밀한 부분의 개념 학습까지 알아야 맞힐 수 있는 문제가 상당하다.

Q3 개념을 어떻게 분석하고 적용할까요?

개념을 분석하고 적용하는 방법에는 네 가지 법칙이 있다.

01 본인만의 필기 노트를 만들어야 한다

선생님이 혹은 수강하는 강의의 강사가 제공하는 강의 노트는 나의 개념이 아니다. 간혹 학생들 중에는 자료실의 자료를 다운받기만 하는 경우가 있는데, 그건 선생님이 만든 아름다운 노트일 뿐이다. 글씨를 잘 못 쓰고 정리를 깔끔하게 하지 않아도 된다. 스스로 기록하고 정리하는 것이 중요하다. 그 과정에서 학습이 내재화되어 공부해야 비로소 내 것이 된다.

02 개념의 단순한 암기가 아닌 유기적 관계를 이해해야 한다

모든 과목의 노트를 통으로 암기하면 된다는 것은 착각이다. 그런 수험생은 함정에 빠져서 문제를 틀리기 쉽다. 문제를 단순하게 적용해서 기계적으로 푸는 것은 수능에서 통하지 않는다. 단순한 암기는 한계가 있으므로, 선생님은 개념의 백지복습을 추천한다. 백지복습이란 머릿속으로 구조를 다시 한 번 되새겨 보는 복습 방법이다. 우리는 단편적인 학습이 아닌 개념의 유기적 관계에 집중해야 한다. 백지복습은 머릿속에서 그 개념 다음에 생각나는 개념, 어떻게 과정들이 진행되는지, 어떻게 연결고리가 있는지를 생각하면서 공통점, 차이점 등 맥락을 짚어 공부할 수 있도록 도와준다.

03 내가 설명할 수 있어야 한다

수험생 친구들 혹은 고2 친구들은 방학 때 꼭 한 번씩은 앞에 누군가를 두거나 또는 한 명의 가상 인물을 두고 그에게 개념에 대해 충분한 설명하기를 연습해 보길 바란다. '내가 이 부분을 알려 줄게'라고 이야기하며 개념에 관해 설명할 수 있어야 한다. 머리로 이해하거나 적는 것은 말로 설명하는 것과 분명한 차이가 있다. 말로 하는 것까지 연습이 되면 그때부터 문제가 달리 보이기 시작한다.

04 3개년 평가원 문제를 완벽하게 분석해야 한다

3개년 평가원 문제를 볼 때 단순한 문제 풀이, 답 맞히기는 무의미하다. 수능 만점으로 가려면 제일 중요한 것은 해당 연도와 최근 3개년의 문제를 마침표까지 사랑하면서 꼼꼼하게 읽어야 한다는 점이다. 그러면 왜 이 문장이 나왔는지, 왜 이 해답이 나오는지 이해할 수 있다.

이 네 가지를 잘 지키면 개념 공부를 했는데 문제가 안 풀린다는 고민은 말끔히 해결될 것이다. 지금까지 해 왔던 잘못된 접근법, 학습법은 다 내려놓고 새로운 마음으로 하나씩 시작하자. 선생님도 항상 여러분을 응원하겠다.

사회 자료 분석을 쉽게 하려면?

민병권 EBSi 사회탐구영역 강사(現) | 중동고등학교 교사(現) | 서울대학교 지리교육과 졸업

> "사회탐구는 내용을 공부할 때는 쉬운데, 표와 그래프만 나오면 시간도 오래 걸리고 어려워요."
> "사회문화 표 분석과 한국지리 그래프 자료 분석이 특히 어려워요."
>
> 사회탐구를 선택하는 많은 학생들의 고민이 바로 자료 분석이다. 시간도 오래 걸리고, 함정에 빠지기 쉬운 문제들이 많아서 1등급 달성을 위해서는 꼭 넘어야 하는 산이 바로 자료 분석이다. 자료 분석으로 어려움을 겪고 있는 많은 학생들을 위해서 이제부터 사회탐구 자료 분석의 비법을 낱낱이 공개하겠다.

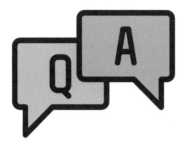

Q1 사회문화 표 분석 문제를 정확하게 풀 수 있는 비법이 궁금해요

우선 자료 분석형 문제가 유달리 어렵게 나오는 과목으로 사회문화가 있다. 많은 학생들이 선택하는 과목이기도 하다. 사회문화 1등급은 표 분석 문제를 푸느냐 못 푸느냐로 갈린다고 볼 수 있을 정도로 표 분석이 중요하다. 사회문화 표 분석 문제를 대비하는 방법을 한 번 알아보자.

사회문화 과목에서는 표 분석 문제가 두 문제 정도 출제되는데, 그중 한 문제는 예상 가능한 IV단원의 계층 표 분석 문제이다. 어렵긴 하지만 문제 유형이나 선택지에서 묻는 내용이 거의 비슷하여 개념을 익히고 기출문제를 통해 반복적으로 연습한다면 충분히 정복할 수 있다. 반면 다른 한 문제는 고정적으로 정해져 있지는 않지만, 6월과 9월 모의평가를 통해 출제 경향을 어느 정도 예측할 수 있다. 실제로 2018년 11월 〈2019학년도 수능〉에 가족 표 분석 문제가 출제되었는데, 2018년 6월과 9월 모의평가에 교육 제도와 관련된 표 분석 문제가 등장하면서 사회 제도 단원에서 출제될 수도 있다는 출제 경향을 미리 보여 주었다고 할 수 있다. 따라서 계층 표 분석 문제를 제외한 나머지 표 분석 문제는 6월과 9월 모의평가의 유형과 주제를 통해 예측과 대비가 필요하다.

이처럼 표 분석 문제를 푸는 핵심은 바로 주제가 아니라 패턴이다. 표 분석 문제는 다양한 주제에서 출제될 수 있지만, 문제를 풀어가는 패턴은 비슷하여서 다양한 기출문제들을 풀어 보면서 표 분석 문제를 풀어가는 스킬을 연습하는 것이 중요하다.

Q2 역사 과목의 자료 분석 문제는 어떻게 대비하면 좋을까요?

모든 학생이 응시해야 하는 한국사와 선택 과목인 세계사, 그리고 동아시아사는 역사 과목인 만큼 문제에 사진이나 그림 자료가 많이 제시된다. 역사 과목 자료는 충실한 원 사료를 바탕으로 출제된다는 것을 잘 기억해 두어야 한다. 따라서 역사 자료 분석의 핵심은 원 사료를 충실히 학습하는 것이다. 원 사료를 가공하여 그림, 삽화, 도표로 재구성하여 출제되는 경향이 있기 때문에 원 사료를 충실히 학습해 두어야 한다. 또한, 사료에는 핵심 개념 용어가 반드시 포함되어 있기 때문에 제시된 사료 안에서 핵심 개념 용어를 찾아 풀어가는 것이 중요하다.

Q3 지리 과목은 그래프 자료를 잘못 읽어서 틀리는 경우가 많은데, 어떻게 해야 할까요?

사회탐구에서 선택자 수가 세 번째로 많은 한국지리와 네 번째로 많은 세계지리는 그래프 자료가 다양하고 복잡하게 나오는 과목이다. 쉽게 파악하기 어려운 형태의 그래프들이 나와서 많은 학생들이 고생하고 또 걸려 넘어지기도 한다. 지리 과목의 까다로운 그래프를 잘 분석하기 위해서는, 우선 시간이 조금 더 걸리더라도 그래프를 꼼꼼하게 읽고 선택지나 보기의 내용을 정확하게 확인한 후 풀어가는 연습을 해야 한다.

많은 학생들이 대충 읽어 보고 빨리 문제를 풀고 또 맞히고 싶어 한다. 하지만 한 문제 차이로 등급이 오르내리는 수능 사회탐구 과목에서는 정확하게 푸는 것이 훨씬 중요하다. 따라서 그래프가 나오면 가로축과 세로축이 의미하는 바가 무엇인지를 알고, 그래프 자료의 경향을 파악한 뒤 선택지나 보기의 내용을 하나씩 파악하면서 풀어가야 한다. 학생들이 보통 그래프 자료의 단위를 잘못 읽거나 꼼꼼하게 확인하지 않아 틀리는 문제가 많은 것을 생각해 볼 때, 결국 시간을 들여서 정확하게 푸는 연습을 하는 것이 얼마나 중요한지 알 수 있다.

Q4 사회탐구 자료 분석 비법이 있을까요?

본격적으로 표와 그래프 자료를 읽어 나가는 방법에 대해서 좀 더 알아보자.

01

'핵심 용어에 대한 이해'가 반드시 필요하다

우선 표 분석 문제를 살펴보자.

(예제 1) 2018년 11월 〈2019학년도 수능〉 사회문화

---

9. 표는 갑국의 가구 구성비 변화를 나타낸 것이다. 이에 대한 분석으로 옳지 <u>않은</u> 것은? (단, 제시된 가구 형태 이외의 다른 것은 고려하지 않는다.) [3점]

(단위 : %)

구분	2015년	2017년
부부	21.7	22.0
부부와 미혼 자녀	44.9	45.0
한부모와 미혼 자녀	15.1	14.5
부부와 양(편)친	1.1	1.1
부부와 양(편)친과 자녀	4.2	4.2
1인 가구	13.0	13.2
계	100.0	100.0

*2015년 대비 2017년 전체 가구 수는 10% 증가함.

① 2015년 대비 2017년 2세대로 구성된 핵가족 가구 수는 증가하였다.
② 2015년 대비 2017년 '부부' 가구 수 증가율이 전체 가구 수 증가율보다 크다.
③ 2015년 대비 2017년 '1인 가구' 수 증가율은 확대 가족 가구 수 증가율의 2배를 넘는다.
④ 2015년과 2017년 모두 '부부와 미혼 자녀' 가구는 핵가족 가구 전체의 50% 이상이다.
⑤ 2015년과 2017년 모두 1세대로 구성된 핵가족 가구 비율이 확대 가족 가구 비율보다 높다.

이 문제를 풀기 위해선 기본적으로 '용어에 대한 이해'가 바탕이 되어야 한다. 선택지 ①에 나오는 '2세대로 구성된 핵가족 가구'와 선택지 ③에 나오는 '확대 가족 가구' 같은 해당 용어를 정확하게 이해하지 못하면, 어디까지가 해당 용어의 범위인지를 모르기 때문에 문제를 정확하게 풀 수 없다. 따라서 기본 개념을 공부할 때 해당 용어가 어떤 내용을 포함하는지를 분명하게 학습해 두어야 한다.

그래프 분석 문제도 살펴보자.

(예제 2) 2018년 11월 〈2019학년도 수능〉 세계지리

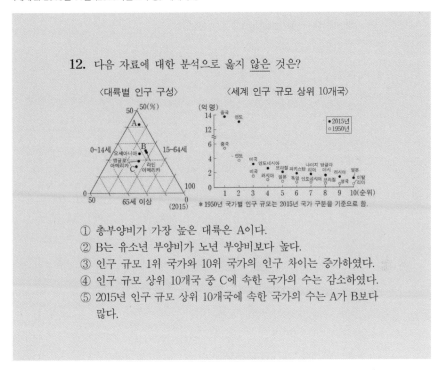

12. 다음 자료에 대한 분석으로 옳지 <u>않은</u> 것은?

① 총부양비가 가장 높은 대륙은 A이다.
② B는 유소년 부양비가 노년 부양비보다 높다.
③ 인구 규모 1위 국가와 10위 국가의 인구 차이는 증가하였다.
④ 인구 규모 상위 10개국 중 C에 속한 국가의 수는 감소하였다.
⑤ 2015년 인구 규모 상위 10개국에 속한 국가의 수는 A가 B보다 많다.

선택지 ①에 나오는 '총부양비'를 구하는 방법이나, 선택지 ②에 나오는 '유소년 부양비'와 '노년 부양비'를 계산하는 방법에 대해 알지 못하면 이 문제를 정확하게 풀 수 없다. 따라서 표나 그래프 분석 문제에서 가장 기본은 핵심 용어를 충분히 이해하고 있어야 한다.

다음으로 표나 그래프가 의미하는 것이 무엇인지를 정확히 알기 위해서 그래프의 가로축과 세로축을 충분히 파악하고 문제를 풀어야 한다.

(예제 3) 2018년 11월 〈2019학년도 수능〉 한국지리

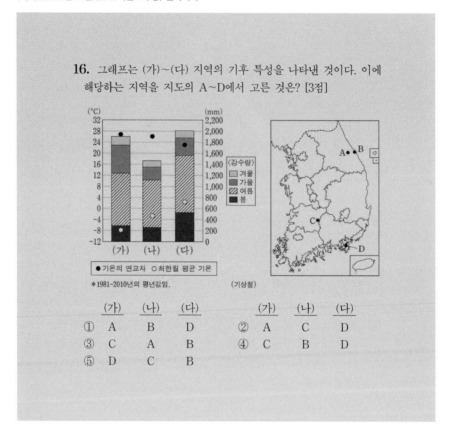

이 문제에서 왼쪽 세로축은 기온을, 오른쪽 세로축은 강수량을 나타낸 것이고, 검은 원은 기온의 연교차, 흰 원은 최한월 평균 기온을 나타낸 것을 확인할 수 있다. 또한, 막대그래프는 계절별 강수량을 나타내었으며 막대그래프 전체의 길이는 연 강수량을 나타낸다고 볼 수 있다.

왼쪽의 그래프 하나에서 상당히 여러 값을 읽어낼 수 있지만, 제한된 시간 안에 해당 내용을 모두 정확하게 파악하고 문제를 풀어가는 것은 쉽지 않다. 이 부분은 다양한 기출문제들을 풀어 보면서 습관을 들이는 것이 중요하다. 가로축과 세로축을

통해 무엇을 파악할 것인지를 훑어본 다음, 선택지에서 물어보는 것들을 하나하나

찾아 나가면 시간을 훨씬 절약할 수 있다.

다른 문제도 살펴보자.

(예제 4) 2018년 11월 〈2019학년도 수능〉 경제

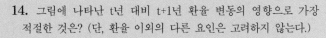

14. 그림에 나타난 t년 대비 t+1년 환율 변동의 영향으로 가장
적절한 것은? (단, 환율 이외의 다른 요인은 고려하지 않는다.)

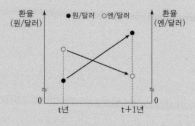

① 일본의 대미 수입은 감소한다.
② 달러화 자금을 차입한 일본 기업의 상환 부담은 감소한다.
③ 한국으로 여행을 오는 미국 사람들의 여행비 부담은 증가한다.
④ 한국에서 수입하는 미국산 상품의 원화 표시 가격은 하락한다.
⑤ 미국 시장에서 일본 기업과 경쟁하는 한국 기업의 수출품 가격
경쟁력은 하락한다.

이 문제에서는 원/달러 환율과 엔/달러 환율의 변화가 나타나 있는데, 검은 원인

원/달러 환율은 왼쪽 세로축의 값으로, 흰 원인 엔/달러 환율은 오른쪽 세로축의

값으로 읽어야 한다. 가로축은 t년과 t+1년, 즉 1년의 시간이 흘렀다는 것을 표현

해 준다.

조금 복잡한 그래프 자료는 왼쪽 세로축과 오른쪽 세로축 값을 달리 주는 경우가 있

기 때문에, 해당 값을 어느 축의 값으로 읽을 것인지에 대한 빠른 판단이 이루어져

야 문제를 정확하게 풀 수 있다.

그래프 자료의 가공 방법을 꼼꼼히 챙겨 보아야 한다

문제에 따라 그래프의 가공 방법이 다른 경우가 많고 특이하게 제작자가 새롭게 정의를 내려 자료를 제시하는 경우도 있으므로, 그래프가 어떻게 가공되어 나온 것인지를 설명을 통해 꼼꼼히 파악해야 한다.

(예제 5) 2018년 9월 〈2019학년도 모의평가〉 한국지리

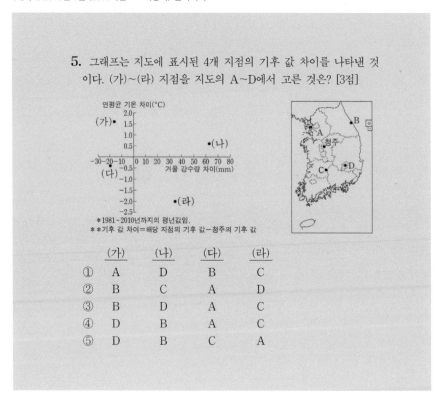

이 문제에서 세로축은 연평균 기온 차이, 가로축은 겨울 강수량의 차이를 나타내고 있다. 자료 밑에 작은 글씨가 보일 것이다. 이 문제에서는 자료의 제작자가 '기후 값 차이 = 해당 지점의 기후 값-청주의 기후 값' 으로 정의를 내리고 가공을 하였기 때문에 결국 자료 제작자의 정의를 바탕으로 자료를 해석해야 한다. 따라서 연평균 기온 차이나 겨울 강수량 차이의 값이 + 값이 나왔을 경우 해당 지역의 값은 청주의 값보다 크다는 의미이고, -값이 나왔을 경우 해당 지역의 값은 청주의 값보다 작다

는 의미이다. 이것을 파악하고 문제에 접근해야 정확히 풀 수 있다.

이외에 지리 과목에서는 백지도 자료 연습도 꼭 필요하다. 한국지리와 세계지리에서는 백지도에 표시된 지역이 어느 지역 또는 어느 국가이고, 이곳에서 어떤 특징이 나타나는지를 물어보는 문제가 반드시 2~3문제 정도 출제되므로, 백지도에 표시된 지역이나 국가가 어디인지를 파악하는 연습도 충분히 해 두어야 한다.

이처럼 사회탐구 과목들의 자료 분석 방법은 과목의 특성에 따라 각기 다른 대비법이 필요하다. 여러 자료의 제시 방법 중에는 그래프 분석이 가장 까다롭고 어려운 편이므로, 그래프 분석 연습을 기출문제 풀이를 통해 충분히 해 두어야 한다. 충분한 연습을 통해 문제 풀이 스킬을 쌓는 것이 문제를 빠르고 정확하게 푸는 방법이다. 기출문제와 EBS 교재의 문제를 통해 자료 분석 연습을 많이 해서 수능 때 꼭 좋은 성적을 거둘 수 있기를 바란다.

용어 정리, 내용 암기를
잘하는 방법 뭐 없나요?

이진웅 EBSi 사회탐구영역 강사(現) | 광남고등학교 교사(現) | 고려대학교 지리교육과 졸업

> 국어, 영어, 수학도 마찬가지겠지만, 특히 사회탐구 학습에서는 그 무엇보다 개념이 가장 중요하다. 마음이 급한 나머지 개념을 제대로 학습하지 않은 채 바로 문제 풀이를 시작하면 결국 좋은 성적을 거두지 못하고 헛된 시간만 낭비할 수밖에 없다. 개념이 제대로 정리되지 않으면 자료를 해석할 수 없고, 자료를 해석하지 못하면 선지를 풀이해낼 수 없기 때문이다. 그래서 사회탐구에서 좋은 성적을 거두기 위해서는 다른 무엇보다 개념에 대한 정확한 이해와 꾸준한 복습이 필수적이다.

01 한자를 활용하는 방법이다

개념을 학습하는 과정에서 많은 학생들이 만나게 되는 가장 큰 산은 바로 '용어(用語)'이다. 난생처음 보는 생소한 용어들은 어떤 뜻인지 제대로 파악하기조차 어려운 데다 그 수가 너무 많아 일일이 다 정리하기도 어렵다. 그럼 어떻게 하면 용어를 잘 정리하고 개념 학습을 수월하게 할 수 있을까?

많은 학생들이 한자를 어려워하고 한자에 대해 잘 모른다고 생각하지만, 우리는 뜻밖에 한자를 많이 알고 있다. 한자의 정확한 뜻은 몰라도 괜찮다. 우리가 일상생활 속에서 사용하는 말들과 해당 용어를 비교해 보는 것만으로 충분하다.

지금 우리가 이야기하고 있는 '용어'에 대해 이야기해 보자. 예를 들어 '용'이라는 말이 포함된 단어들은 어떤 것들이 있을까? '용', '용광로', '용도' 등이 떠오른다. 만약 '용어'의 '용'이 하늘을 날아다니는 '용'이라면, '용어(龍語)'는 '용이 하는 말'이란 뜻이 된다. '용광로'의 '용'이라면 '용어(鎔語)'는 '쇠를 녹이는 말'이 된다. '용도'의 '용'이라면 '용어(用語)'는 '쓰는 말'이 된다. 아무래도 '용이 하는 말',

'쇠를 녹이는 말'보다는 '쓰는 말'이 가장 적절하다고 볼 수 있다. 이와 같은 방법으로 우리는 '용어'의 뜻이 '쓰는 말'이라는 것을 유추해 볼 수 있다. 평상시 우리가 이미 알고 있는 단어들을 용어에 대입해서 그 의미를 하나씩 생각해 보면 학습하고자 하는 용어의 뜻을 유추해 볼 수 있다.

이를 사회탐구 용어에 적용해 보자. '균역법'에서 '균'은 어떤 의미일까? '병균'의 '균'을 의미한다면 '균역(菌役)'은 '병균에게 일을 시키다'라는 의미가 된다. 만약 '균역'의 '균'이 '균형(均衡)', '균등(均等)'의 '균'이라면 '고르게 일을 시킨다'라는 의미가 된다. 따라서 '균역법'에서의 '균'은 '균(均)'이 적합한 한자라는 사실을 알 수 있다. '부자유친'의 '부자'도 부유한 사람을 의미하는 '부자(富者)'보다는 아버지와 아들을 의미하는 '부자(父子)'가 더욱 적합할 것이다. 이런 식으로 평상시 사용하던 말들을 떠올리면서 용어에 해당하는 한자를 유추하고, 그 의미를 생각해 본다면 용어의 뜻을 더욱 쉽게 정리할 수 있다.

02   비슷하거나 연관성 있는 용어들을
한 번에 정리하는 방법이다

먼저, 같은 것을 의미하는 용어들을 모아서 정리할 수 있다. 법과 정치에서 대통령을 의미하는 행정부 수반과 국가 원수를 같이 정리하거나, 지리에서 해수면 변동과 침식 기준면의 변동을 같이 정리해 둔다면 해당 용어의 뜻을 더욱 쉽게 이해하고 개념 학습에서 용어의 활용도로 높일 수 있다. 같은 범주에 포함되는 용어들을 정리해 두는 것도 좋은 방법이다. 1년 동안의 기온 차이를 의미하는 연교차와 하루 동안의 기온 차이를 의미하는 일교차를 같이 정리해 둔다면 용어를 이해하고 개념을 학습하기에 훨씬 수월하다. 문화와 관련된 문화 변동, 문화 접변, 문화 전파 등을 한 번에 정리해 두는 것도 좋은 방법이다.

역사의 경우 관련 있는 사건들의 원인과 결과를 차례대로 정리해 두면 학습에 많은 도움이 된다. 예를 들어 보자.

"1895년, 일본 자객들이 경복궁을 습격하여 명성 황후를 시해한 을미사변이 발생한다. 그리고 이 을미사변으로 인해 조선에 대한 일본의 영향력이 강해지면서 친일 내각인 김홍집 내각이 수립되고 김홍집 내각은 을미개혁을 단행하게 된다. 을미개혁이 단행되면서 일본에 대한 국민들의 반감은 극에 달하게 되고 친러파 세력이 자신들의 세력을 만회하기 위해 신변에 불안을 느끼는 고종을 러시아 공관으로 옮기는 아관파천이 발생하게 된다."

이처럼 연관성이 있는 역사적 사건들을 한 번에 정리하는 것도 용어 학습의 좋은 사례라고 할 수 있다.

비슷하거나 연관성 있는 용어들을 한 번에, 눈에 잘 보이게 정리하는 가장 좋은 방법은 마인드맵을 그려 보는 것이다. 마인드맵은 문자 그대로 '생각의 지도'란 뜻으로, 자기 생각을 지도 그리듯 이미지화해 사고력, 창의력, 기억력을 한 단계 높이는 학습 방법이다. 시중에 출간된 여러 교재에 실려 있는 기존 마인드맵을 활용하기보다는 직접 마인드맵을 그려 보는 것이 좋다. 하나의 큰 주제를 정해 놓고 직접 관련되는 것들을 하나씩 연결해 나가다 보면 학습했던 내용이 다시 한 번 떠오르면서 내용 간의 연결성이 머릿속에, 그리고 종이에 일목요연하게 정리된다. 또 마인드맵을 그리다 보면 해당 주제 학습에서 본인에게 부족했던 점이 무엇인지도 파악할 수 있다. 마인드맵을 그린 후에는 학습을 하며 새롭게 알게 되는 내용을 추가로 연결해 나가는 것이 좋다. 이런 작업을 반복하면 마인드맵도 더욱 풍성해지고 해당 주제에 대한 학습의 깊이 또한 깊어지게 된다.

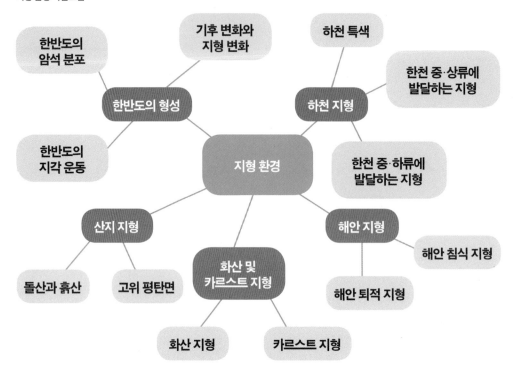

많은 학생들이 사회탐구에서 용어 학습에 어려움을 겪는 이유는 용어를 단순히 암기하려 하기 때문이다. 물론 어쩔 수 없이 암기해야 하는 부분도 있겠지만, 사회탐구에서의 용어 학습은 반드시 이해가 선행되어야 한다. 그래야 용어가 오랫동안 기억에 남으며 이를 바탕으로 다양한 사고를 이어갈 수 있다. 앞에서 살펴보았던 을미사변처럼 원인과 이에 따른 결과를 연결해가며 학습하는 것이 대표적인 예이다. 을미사변과 마찬가지로 병자호란 또한 원인부터 차근차근 이해해 나간다면 더욱 쉽게 학습할 수 있다.

"광해군은 즉위한 뒤 명나라와 후금 사이에서 어느 한쪽의 손을 들어주지 않고, 조선의 사정에 맞추어 실리를 취하는 외교 정책을 시행하게 된다. 이를 중립외교라고 한다. 이 때문에 인조반정이 발생하게 되고, 반정에 성공한 인조와 서인이 친명배금 정책을 펴면서 병자호란이 발생하게 된다."

역사적인 수많은 사건은 인과관계가 분명하다. 여러 사건을 원인과 결과에 따라 차례대로 정리해 나가면 용어를 이해하는 데 큰 도움이 될 것이다.

한국지리에서 교통수단별 여객 수송 분담률은 반드시 암기해야 하는 내용이다. 이를 단순히 도로, 지하철, 철도, 비행기, 배순으로 암기할 수도 있겠지만, 기본적으로 분담률이 왜 이런 순서가 되는지 이해한다면 더 쉽게 기억할 수 있다.

"먼저 다른 교통수단에 비해 기동성과 문전 연결성이 좋으며 어디서나 쉽게 이용할 수 있는 도로 교통은 그 편리함으로 인해 여객 수송에서 가장 많이 이용되는 교통수단이다. 지하철은 주로 대도시와 그 주변 지역에 건설되어 있다. 인구 밀도가 높은 대도시의 경우 출퇴근 시에 지하철 이용 비율이 높게 나타나며, 다른 지역에 비해 인구가 많은 대도시의 특성상 많은 수의 사람들이 지하철을 이용하게 된다. 그래서 도로에 이어 여객 수송에서 두 번째로 많이 이용되는 교통수단은 지하철이다. 반면 비행기와 배는 교통수단의 특성상 출퇴근 시에 많이 이용하기 어렵다. 비행기와 배의 수송 분담률은 큰 차이가 없긴 하지만, 운송 속도가 빠른 비행기는 배보다 장거리 출퇴근 시에 이용되는 경우가 더 많아서 배보다 상대적으로 여객 수송 분담률이 높다."

이렇게 교통수단별 특징과 이용 현황들을 정리해 보면 굳이 교통수단별 여객 수송 분담률을 암기하지 않고도 수월하게 학습할 수 있으며 더욱 쉽게 암기할 수 있다. 따라서 용어를 학습할 때 무작정 암기하는 것보다 이해하고자 노력하는 자세를 가지는 것이 중요하다. '왜 그럴까?' 계속 고민하면서 원리를 토대로 이해할 수 있다면 더 쉽게 기억할 수 있고 이를 토대로 사고를 펼칠 수도 있다.

친구를 비롯한 주변 사람들에게 용어의 의미와 특성에 관해 설명해 주거나 이해해 나간 과정을 글로 작성해 보는 것도 좋은 방법이다. 그러나 인과관계가 따로 없는 용어들의 경우에는 이해하기 어렵다. 이 경우에는 어쩔 수 없이 암기해야 한다. 암기를 잘하는 요령에는 여러 가지가 있다. 빨주노초파남보와 같이 단순히 앞 글자를 따서 외우는 방법이 가장 대표적이다. 리듬이나 곡을 붙여서 노래하듯이 외우는 것 또한 좋은 방법이다. 그냥 외우는 것보다 더 오래 기억에 남을 것이다.

"세계사에 나오는 그리스의 정치인 쏠론-페이시스트라토스-클레이스테네스-페리클레스는 앞 글자를 따서 클래식 곡을 부르듯이 외워라."

암기하는 가장 좋은 요령은 자신과 관련된 단어들을 토대로 개인적인 뜻을 붙이거나 말이 되도록 말을 조합해 보면서 자신만의 암기팁을 만드는 것이다. 예를 들어 보자.

"아리스토텔레스의 분배적 정의와 관련된 부분에서는 '아리스토텔레스가 정의에 관해서 이야기했을 때 기분이 어땠겠어?'로 아리스토텔레스-분배적 정의-기하학적 비례와 관련된 문장을 만드는 방법이 있다."

또 한국지리 1차 에너지 소비 비중 순서에서

"'유탄아, 천 원 줄게 새로 나온(신) 물(수) 좀 사다 줘'와 같이 용어 속 글자를 따서 말이 되는 문장으로 만들어 보는 방법도 좋은 방법이라고 할 수 있다."

사회탐구에서 개념은 그 어떤 것보다 중요하며 용어 학습은 개념 학습을 위한 기본 토대이다. 따라서 용어 학습이 이루어져야 개념 학습도 이루어질 수 있다. 용어 학습이 분명 넘기 어려운 산과 같은 존재인 것은 확실하다. 그러나 여러 가지 방법으로 용어를 잘 정리하고 이해하며 암기한다면 용어 학습은 개념 학습을 위한 즐거운 디딤돌이 될 수 있다. 무엇보다 용어에 대해 두려움을 없애고 깨달아가는 즐거움을 통해 학습하여 개념 학습, 나아가 사회탐구의 여러 과목에서 좋은 성과를 얻는 데 큰 도움이 되길 바란다.

UNIT 06

영역별 공부법

과학

과학 Q1

물리에 물리지 않으려면?

차영   EBSi 과학탐구영역 강사(現) | 구성고등학교 교사(現) | 한국교원대학교 박사 과정 수료

> "
>
> 일선 학교와 EBS에서 학생들을 가르치면서 많은 학생들이 다른 과목에 비해 과학 과목을 어려워하고, 특히 과학 과목 중에서도 물리를 어려워하는 경우를 종종 목격해왔다. 그래서 물리에 흥미를 느끼면서도 막연한 두려움으로 물리 학업을 지레 포기하는 학생들 혹은 물리 관련 전공 학과를 지망하면서도 고득점 성취가 어렵다는 이유로 수능 과목으로 물리 선택을 주저하는 학생들을 위해 준비했다. 보다 효율적이고 수월하게 학습할 수 있도록, 다년간 학생들로부터 받았던 공통적인 질문들을 토대로 정리한 물리 공부법 가이드라인을 제공하고자 한다. 자, 이제부터 '물리에 물리지 않으려면?'을 시작해 볼까?
>
> "

Q1 개념이 중요하다고 하는데, 개념을 학습한다는 게 뭐예요?

물리학자들이 사용하는 것처럼 물리 개념을 사용해라

물리 교재에는 수많은 개념들(혹은 용어들)이 등장한다. 개념 중에는 '충격량' 같이 생소한 개념들도 있지만, '속도' 같은 일부 개념들은 일상생활에서 자주 사용하는 용어들이다. 물리를 잘하려면 물리의 개념들을 정확하게 기억하고 말할 수 있어야 한다. 예를 들어 '충격량'은 운동량의 변화량을 의미하는 것으로, 개념의 정의를 외우지 않으면 충격량의 의미를 전혀 알 수 없다. 반면 '속도' 같이 일상생활에서 사용하는 단어의 경우에는 자의적으로 해석하기 쉬워 오히려 생소한 개념인 충격량보다 비과학적 개념으로 이해할 수 있다. 일상생활에서 속도는 빠르기를 의미한다. 그러나 물리에서의 '속도'는 빠르기와 함께 방향을 의미한다. 물리에서 빠르기만을 의미하는 개념은 '속력'을 사용한다. 일상생활에서는 속도와 속력을 빠르기를 나타내는 동의어로 구분 없이 사용하지만, 물리에서는 속도와 속력을 엄격하게 구분해서 사용한다. 따라서 물리 개념의 정의를 자의적으로 추측하여 사용하는 것은 매우 위험하다. 물리학자들이 사용하는 방식대로 100% 똑같이 사용해야 한다.

Q2 개념과 공식은 잘 기억하고 있는데, 왜 문제는 풀리지 않는 걸까요?

개념을 이해한 후에 암기하듯 문제 풀이 과정도 이해한 후에 암기해라

물리가 어려운 이유 중의 하나는 학습한 개념과 공식을 문제에 적용해야 하기 때문이다. 아무리 개념을 잘 이해했다고 하더라도 문제에 개념을 제대로 적용할 수 없다면 좋은 성적을 받을 수 없다. 그런데 개념과 공식을 문제 상황에 따라 자유자재로 적용한다는 것이 말처럼 쉽지 않다. 그럼 어떻게 해야 할까? 처음에는 물리 전문가들이 문제를 해결하는 과정을 그대로 암기하고 전문가들과 같은 방법으로 문제를 해결하는 연습을 해야 한다. 무엇보다 반복 연습이 중요하다. 처음부터 쉽지는 않겠지만 같은 문제를 반복해서 풀다 보면 나중에는 깨달음이 온다. 단, 이 과정에서 중요한 것은 내가 문제를 어떻게 풀고 있는지 과정 자체를 의식하고, 해당 풀이 과정을 시험 보는 순간까지 잊지 않으려고 의식하면서 자주 복기(復棋)*하는 것이다.

* 바둑에서 끝난 대국의 판국을 비평하기 위하여 두었던 대로 다시 처음부터 놓아 봄.

Q3 선생님마다 반복 학습을 강조하시는데, 반복은 어떤 식으로 해야 할까요?

지겨워도 4~5회는 반복해라

전문가들의 연구를 종합해 보면, 반복 주기는 4회에서 5회가 가장 효율적이라고 한다. 인간의 기억은 학습 후 19분이 지나면 학습 내용의 40%가 망각되고, 1일이 지나면 70% 이상이 망각된다. 또한, 1주일이 지나면 80% 이상이 망각되며, 1개월이 지나면 90%가량이 망각된다고 한다.(94p 그래프 참조)

따라서 학습한 내용이 잊혀지지 않도록 기억을 지속시키는 것이 중요한데, 기억을 지속시키는 유일한 방법은 잊힐 만할 때 주기적으로 반복해서 기억을 유지하는 것이다. 이때 무턱대고 반복하는 것이 아니라 체계적으로 반복하는 것이 중요하다. 전문가들에 의한 결과를 정리하여 복습 루틴팁을 제시하자면, 첫 번째 복습은 수업 혹은 강의가 끝나고 가볍게 한 번(이미 수업 시간에 들은 내용이 머리에 남아 있기 때문에), 두 번째 복습은 자기 전 그 날 학습한 내용을 적당히 한 번, 세 번째 복습은 주말에 1주일 동안 배운 것들을 집중적으로 몰입하여 학습하고, 마지막 네 번째 복습은 1개월 후 그동안 학습한 것들을 차분하게 정리하는 것이다.

복습 루틴을 다시 한 번 간략하게 정리하면, 한 번에 에너지를 쏟는 것이 아니라 짧게라도 자주 보는 것이 기억 유지에 효과적이다. 물리 같은 경우에는 같은 문제를 기간을 두고 여러 번 푸는 것이 좋다. 기억은 단번에 완성되지 않는다. 적어도 4회 혹은 5회의 반복 후에 정착되고 지속한다.

Q4 〈보기〉 제시문에서 자꾸 실수를 반복하는데, 어떻게 해야 실수를 하지 않을까요?

실수를 미리 경험하자

진위를 판별하는 〈보기〉 제시문에서 세 문장의 진위를 정확하게 판단하는 것은 분명 쉬운 일은 아니다. 'ㄱ, ㄴ, ㄷ'으로 구성된 세 문장 중 두 문장의 진위는 옳게 판단하고, 한 문장의 진위만 잘못 판단해도 점수를 통째로 잃는다. 시험을 치르면서 안타까운 일 중 하나이다. 대부분 학생들은 이와 같은 일을 실수라고 생각한다. 하지만 이것은 절대 실수가 아니다. 출제자의 의도이다. 출제자들은 학생들이 어떤 비과학적 개념을 가졌는지, 무엇을 착각하고 혼돈하고 있는지 이미 잘 파악하고 있다. 따라서 학생들의 착각과 혼돈을 유발하려는 것이다. 이럴 때 실수를 줄이는 방법은 하나뿐이다. 개념에 대해 더욱 완벽해지는 것이다. 그럼 어떻게 해야 개념에 완벽해질까? 그것은 바로 같은 문제 유형의 풀이 경험을 많이 쌓는 것이다. 문제를 풀다보면 비슷한 유형의 〈보기〉 제시문들이 있고, 그러한 〈보기〉 제시문들을 통해 자신의 비과학적 개념과 착각, 혼란을 미리 경험할 수 있다. 미리 실수를 경험함으로써 출제자의 고의적인 의도를 파악하는 눈을 기를 수 있고 피할 수도 있다.

Q5 평소에는 풀 수 있는 문제를 시험에서는 시간이 부족해서 풀 수 없었어요 왜 그럴까요?

시험을 치를 때는 암기로 푼다. 이해는 평소에 하는 것이다

이 질문에 대한 대답은 여러분의 목표가 무엇인가에 따라 달라진다. 만약 여러분의 목표가 물리라는 학문에 대한 깊이 있는 탐색이라면 시간의 제한 없이 얼마든지 깊이 사색하고 고민하고 논의할 수 있다. 하지만 만약 여러분의 목표가 제한된 시간 내에 시험을 치르고 좋은 성적을 받는 것이라면 시간의 제한 없이 고민해서는 안 된다. 방법 면에서 다르게 접근해야 한다.

내신 시험의 경우 50분, 수능의 경우 30분의 시간이 주어진다. 내신 시험의 경우에는 학교에 따라 다소 다르겠지만 보통의 경우 25문제 정도가 출제되고, 수능의 경우 20문제가 출제된다. 특히, 수능은 문제의 난이도가 있기 때문에 30분 이내에 20문제의 상황을 꼼꼼하게 파악하고 이해하면서 풀기란 불가능하다. 내신이나 수능은 여러분의 창의력을 측정하는 것이 아니다. 평소 얼마나 성실하게 문제 풀이와 해결력을 연습하고 노력했느냐에 대한 측정이다. 이해는 평소에 문제를 풀면서 하는 것이고, 시험에서는 문제 상황을 보는 즉시 기계적으로 문제를 풀 수 있을 정도로 문제 상황에 맞는 풀이법이 암기되어 있어야 한다. 물론 교사로서 이런 말을 하는 것은 좀 그렇지만, 이것은 현실이다. 여러분에게 현실적으로 도움이 되는 것이므로 꼭 기억하길 바란다.

Q6 물리 만점, 물리 상위 등급은 어떻게 해야 받을 수 있을까요?

만점은 어렵지만 상위 등급은 가능하다
1번에서 18번 문제를 맞혀라

학생들에게 받는 어려운 질문 중 하나가 물리 만점 혹은 상위 등급을 받는 방법에 대한 것이다. 수능의 경우 결론부터 이야기하면 20문제의 정답을 모두 자신 있게 찾아내는 만점은 쉽지 않다. 그러나 상위 등급은 가능하다. 소위 킬러 문제라고 하는 고난도의 19번과 20번을 제외한 18문제의 정답을 찾아내면 상위 등급을 받을 수 있다. 18문제에 포함된 배점 3점의 8문제는 킬러 문제의 배점 3점 문제보다 난도가 현저하게 낮다. 또한, 연계 교재의 문제 혹은 평가원의 기출문제와 매우 유사한 형태로 출제된다. 따라서 평소 성실하게 학습을 했다면 1번에서 18번까지는 충분히 맞힐 수 있다. 킬러 문제도 배점 3점, 1번에서 18번 문제들도 배점 3점이다. 어떤 것을 맞히든 결과는 같다. 킬러 문제에서 끙끙거리지 말고 일단 1번에서 18번 문제들을 깔끔하게 푸는 데 집중하자. 운이 좋아서 킬러 문제가 이전에 풀었던 문제와 유사하다면 모르는 한 개만 틀리는 것이고, 운이 나빠서 킬러 문제 두 개를 모두 틀렸다고 하더라도 1등급 혹은 2등급은 받을 수 있다.

Q7 선생님의 풀이와 해설집의 풀이가 내 풀이와 다른데, 괜찮은 걸까요?

모두 괜찮다. 다만, 시간 절약을 위해 빠른 길을 택해라

물리는 접근 방식이 다양하다. 그래서 재미있기도 하고 그 때문에 오히려 어렵게 느껴지기도 한다. 동일한 문제를 속도-시간 그래프를 그려서 풀 수도 있고, 충격량 혹은 역학적 에너지 보존 법칙을 써서 풀 수도 있다. 어떤 방법을 택해도 정답은 구할 수 있다. 그런데 중요한 것은 우리는 제한된 시간 내에 정답을 찾아야 한다는 것이다. 시간이 마냥 주어져 있는 상황이 아니다. 따라서 문제를 빨리 푸는 방법을 선택해야 한다. 평소 선생님과 해설집의 문제 풀이, 그리고 여러분 자신의 문제 풀이를 비교해 보라. 그중 쉽고 빠른 방법이 있을 것이다. 그 방법이 익숙해질 때까지 많은 반복과 연습을 해라. 고난도 문제일수록 출제자의 의도를 파악하여 문제를 풀어야만 빨리 해결할 수 있다. 여러분의 방식으로 문제를 해결할 때 필요 이상으로 많은 시간이 걸렸다면, 반드시 해설집의 풀이법이나 선생님의 풀이법과 비교해 봐야 한다. 빠른 풀이법에는 자신이 미처 생각하지 못한 문제 풀이의 핵심이 있다. 그 핵심을 확인하고 연습하라.

이상으로 물리를 공부하면서 어려움을 겪는 학생들의 공통된 질문을 토대로 물리 학습법에 대해 필자 나름대로 방법을 제시했다. 필자의 공부법이 모든 학생에게 맞춤옷처럼 완벽할 수는 없겠지만, 오랫동안 필자가 해온 공부법과 대학원에서 배운 인지 심리학, 그리고 많은 학생들을 지도한 경험을 토대로 정리한 것인 만큼 여러분의 물리 학업에 조금이나마 도움이 되기를 바라는 마음이다.

다시 한 번 물리 학습법에 대해 요약하자면, 물리는 개념의 정의가 엄격한 학문인 만큼 개념의 정의를 완벽하게 외워야 한다. 나아가 개념뿐 아니라 문제 풀이 과정 또한 암기해라. 기억을 지속시키기 위해서는 지겨워도 주기별로 반복해야 하며 실수는 시험 전에 미리 경험해야 한다. 많은 문제 경험이 필요한 이유가 바로 실수를 줄이기 위한 것이다. 이해는 평소에 하고 시험에서는 암기된 내용으로 기계적으로 풀 수 있어야 하며, 마지막으로 평소에 빠른 문제 풀이법을 확인하여 자신에게 익숙한 풀이법으로 만들어 놓아야 한다.

2002년 대한민국의 월드컵 4강 신화를 이끈 히딩크 감독이 우리나라 축구 선수들을 처음 보았을 때, 우리나라 선수들이 유럽의 어떤 선수들보다 축구에 대한 순수한 열정과 애정을 품고 있는 것에 놀랐다고 한다. 히딩크 감독은 우리 선수들이 기술적인 면에서는 유럽 선수들에게 뒤처지지만, 열정만큼은 그들을 뛰어넘는다고 보았다. 그래서 부족한 재능이나 기술은 노력으로 얼마든지 보완할 수 있다고 생각한 것이다. 히딩크 감독은 유럽 선수들이 1시간 운동할 때 우리 선수들은 3시간 운동하면 충분히 그들과 대등해질 수 있다고 강조했다.

공부도 마찬가지이다. 학생들 중에는 분명 학업에 대한 재능을 타고난 학생도 있고 수학적인 면이 뛰어난 학생도 있다. 그러나 우리에게는 열정과 목표가 있다. 목표에 이르기를 간절히 원하는가? 그렇다면 그들보다 세 배의 노력을 하면 된다. 성실함을 능가하는 재능은 없다. 성실함 자체가 최고의 재능임을 명심하자.

과학 Q2

화학에 화내지 않으려면?

박주원   EBSi 과학탐구영역 강사(現) | 대일고등학교 교사(現) | 이화여자대학교 과학교육과(화학교육전공) 졸업

> 대부분의 자연 계열 수험생들은 과학탐구 선택과 학습에 대해 많은 고민에 빠져있다. 그것이 어느 과목이 되었든 어느 정도 확신하고 선택을 했더라도 막상 그 앞에만 서면 한없이 작아지고, 시험 점수를 보면 부들부들 화도 나고, 또다시 생각이 많아지기 마련이다. 지금부터는 여러 과목 중에서도 야심 차게 화학 I을 선택한 친구들에게, 그 선택을 후회하지 않게 만들어 줄 지금 이 시점에 가장 필요한 질문들을 모아 그 해답을 들려주고자 한다. 자 그럼 이제부터 '화학에 화내지 않으려면'을 시작해 볼까?

Q1 수능 개념을 듣지 않고 수능 특강부터 공부해도 될까요?

✔ 수능은 내신과 다르다! 수능 화학의 첫걸음은 수능 개념으로 해라!

✔ 수능을 위한 자세한 개념, 그리고 문제와 개념을 연결하는 능력을 강화해라!

'수능을 위한 화학 I' 공부가 처음인 친구라면 수능 개념을 먼저 수강하는 것이 옳다. 물론 학교 내신으로 화학 I을 배운 친구들도 있을 테고, 그런 친구들은 '그럼 나는 수능 특강부터 해도 되겠구나'라고 쉽게 생각할 수도 있다. 그러나 답은 No! 학교 정규 수업은 내신을 치르기 위한 압축된 개념을 전달하고, 깊이 있는 사고력보다는 교과서를 기반으로 한 간단한 문제를 위주로 다룬다. 즉, 수능과는 성질이 조금 다르다고 볼 수 있다. 그래서 내신형 화학만 공부한 친구라면 수능을 위한 개념, 그리고 문제와 개념을 연결하는 능력을 향상시켜 주는 수능 개념 강의로 첫 시작을 추천한다. 수능 화학Ⅰ의 탄탄한 기본기를 다진 후에 연계 교재인 수능 특강으로 넘어가도 늦지 않으니, 조급한 마음은 버리고 진정한 화학 고득점을 받기 위한 토대를 마련하는 데 최선을 다하자.

Q2   모의고사에서 네 번째 페이지는 보지도 못하는데, 시간 배분을 어떻게 해야 할까요?

✔ 이론적으로 1~3페이지까지 18분 + 4페이지 12분이 적절하다!

✔ 시간은 킬러 문제가 아닌 끝없는 반복과 연습으로 2, 3단원에서 줄여라!

✔ 시간이 부족한 것이 아니라 실력이 부족한 것이다!

일단 이론적인 대답을 해 보자면, 평균적으로는 1~3페이지까지 18분 정도에 푸는 것이 좋고, 나머지 12분을 4페이지에 있는 서너 개 문제에 할당하는 것이 가장 효율적인 시간 배분이 되겠다. 하지만 많은 친구들이 시험을 보고 시간이 너무 부족했다고 이야기기하면서 17~20번 문제를 빨리 읽고 푸는 연습을 더 해야겠다는 말을 하는데, 여기서 우리가 생각해 볼 것이 있다. 마지막 페이지에 나오는 소위 킬러 문제라 불리는 문제들만 연습하면 되는가? 그렇다면 나는 3페이지까지 실수 없이 모든 문제를 맞혔는가? 아마 대부분이 그렇지 않을 것이다. 우리가 마지막 페이지를 못 보는 진짜 이유는 킬러 문제 때문이 아니라, 앞부분에서 쓸데없이 시간이 오래 걸렸기 때문이다. 연습을 통해 시간을 줄여야 할 구간은 바로 1~3페이지에 해당하는 부분임을 기억해야 한다. 2, 3단원의 경우 내용이 어려워서 혹은 조건이 까다로워서 문제가 안 풀리는 것이 아니다. 절대적으로 암기가 부족하고 연습이 덜 되었기 때문에 시간이 부족해지는 것이다. 따라서 무작정 시간 부족을 탓하기 전에 내 실력이 부족한 건 아닌지 의심하고 또 의심해 볼 필요가 있다.

Q3 개념 공부도 다했고 개념을 다 아는 것 같은데, 문제가 안 풀려요 어떻게 해결해야 할까요?

✔ 개념 단권화가 아닌 단원별 문제 풀이 단권화 노트를 만들어 활용해라!

✔ 빨리 푸는 것보다 '꼼꼼'하고 '정확'하게 푸는 연습이 중요하다!

이를 해결하기 위해서는 수능 공부의 성격과 목적을 잘 파악하는 것이 매우 중요하다. 우리는 교재에 나오는 텍스트를 그대로 외워서 질량 보존 법칙이 무엇인지, 아보가드로 법칙이 무엇인지를 묻는 시험을 보는 게 아니다. 그것들을 문제에 잘 적용해서 그 문제를 맞히고, 좋은 점수, 좋은 등급을 받기 위한 공부를 해야 한다는 사실을 꼭 기억하자. 그렇기에 개념을 줄줄이 노트에 적는 행위는 의미가 없고, 개념의 단권화가 아닌 단원별로 문제 풀이법, 개념 적용법을 적은 자기만의 단권화 노트를 만드는 것이 중요하다. 강의를 통해 문제에 대한 여러 가지 접근법과 풀이법을 알게 되었다면, 그것들을 자기만의 언어로 정리하고 완전히 자기 것이 될 때까지 체화시키는 과정을 끊임없이 반복해야 한다. 단권화 노트 작성에 대해 감이 잘 잡히지 않는 친구들을 위해 더 구체적으로 정리하면 다음과 같다.

단권화 노트 작성 Tip	
1. 헷갈리는 개념, 단순 암기	- 헷갈리는 개념, 자주 틀린 개념, 필요한 공식 등을 우선순위를 정해서 적는다.

2.
6월, 9월 모의평가 오답
+연계 문제 오답
+자주 틀린 오답
	– 다시 풀어도 틀린 문제부터 왜 틀렸는지 그 이유와 올바른 개념,
	  해설 등을 정리한다. 이때, 정답과 해설은 문제와 다른 페이지에
	  작성하는 것이 좋다.(그대로 암기해 버리는 경우가 생기기 때문에)

3. **연계 문제**	– 주요 선지, 자료 등을 정리한다. – 탐구영역은 자료에 대한 연계 체감율이 높은 영역으로 잘 활용할 수 있도록 한다.

4.
빈출 유형
	– 빈출 유형의 개념, 자료 등을 해설과 함께 정리하도록 한다.
	– 화학 I의 킬러 문제는 빈출 주제와 단원별 출제 문제 수도
	  거의 정해져 있으므로, 각 유형별로 풀이의 흐름을 자기에게
	  맞는 순서로 정리해 두도록 한다.

개념

-
-
-

빈출

-
-
-

오답

-
-
-
-
-
-
-

연계

-
-
-
-

나만의 유념사항

• **영역은 자기 상황에 맞게 나눈다.**

이러한 단권화 노트를 작성하면 어떤 복잡한 문제가 나와도 배운 개념을 바로바로 적용해서 풀 수 있게 된다. 그리고 개념과 문제를 잘 연결하기 위해서는 문제를 무조건 빨리 풀려고 하는 나쁜 습관을 버리고, 발문부터 보기까지 꼼꼼하고 정확하게 풀어내는 습관을 길러야 한다. 그래야 각 단계에서 출제자의 의도가 무엇이고, 어떤 개념을 어떤 순서로 적용해야 하는지가 눈에 보이기 때문이다. 빨리 해야 한다는 강박관념을 버리고, 내가 아는 개념은 100% 적용해서 다 맞힌다는 생각으로 공부하자.

Q4 수능 특강과 수능 완성을 꼭 들어야 할까요?

✔ 최신 출제 경향을 반영한 중요한 교재이다!
✔ 기출문제와 더불어 평가원 유형을 파악하기 위한 완벽한 연습문제이다!

수능 특강과 수능 완성은 수능과의 연계율이 높은 매우 중요한 연계 교재이다. 개념을 알면 풀 수 있는 단순하고 쉬운 문제부터 여러 단원의 개념을 연결하는 통합적 사고가 필요한 고난도 문제까지, 다양한 수준과 형태의 문제들을 수록하고 있기에 공부한 개념을 얼마나 문제에 잘 적용하고 있는지 본인의 실력을 파악할 수 있는 교재이다. 다음 페이지의 표 1-1과 1-2를 보면 실질적인 연계율을 체감할 수 있을 것이다. 따라서 해당 강의의 완강을 추천하며, 만일 시간적 여유가 없다고 판단되는 경우에는 강의에서 필요한 부분을 찾아서 듣고 조금이라도 부족한 개념, 문제 접근법 등을 완벽하게 채우도록 한다.

(표 1-1) 〈2019학년도 수능〉 연계 내역 심층 분석 자료

문항 번호	EBS 교재 연계 내용
1	
2	수능 완성/75/2
3	수능 완성/44/12
4	수능 특강/166/2
5	
6	수능 특강/121/결합의 극성
7	수능 특강/155/산화수
8	
9	수능 특강/27/3
10	수능 완성/45/13
11	수능 특강/106/7
12	수능 특강/21/4
13	수능 특강/89/10
14	
15	수능 완성/57/13
16	수능 완성/24/13
17	
18	수능 완성/28/7
19	수능 특강/175/19
20	

(표 1-2) 〈2019학년도 수능〉 연계 내역 심층 분석 자료

화학 I 19번	수능 특강 P.175 19번

화학 I 19번

19. 다음은 금속 A~C의 산화 환원 반응 실험이다.

[실험 과정]
(가) A^{a+}과 B^{b+}이 함께 들어 있는 수용액을 준비한다.
(나) (가)의 수용액에 C(s) wg을 넣어 반응을 완결시킨다.
(다) (나)의 수용액에 C(s) wg을 넣어 반응을 완결시킨다.

[실험 결과]
◦ 각 과정 후 수용액에 들어 있는 양이온의 종류와 수

과정	(가)	(나)	(다)
양이온의 종류	A^{a+}, B^{b+}	A^{a+}, B^{b+}, C^{2+}	
전체 양이온의 수	12 N	10 N	9.6 N

◦ (가)에서 수용액 속 이온 수는 $A^{a+} > B^{b+}$이다.
◦ (나)에서 넣어 준 C(s)는 모두 반응하였고, (다) 과정 후 남아 있는 C(s)의 질량은 x g이다.

$\dfrac{\text{(다) 과정 후 } C^{2+} \text{ 수}}{\text{(나) 과정 후 } A^{a+} \text{ 수}} \times x$는? (단, 음이온은 반응하지 않으며, a, b는 3 이하의 자연수이다.) [3점]

① $\dfrac{1}{4}w$ ② $\dfrac{4}{15}w$ ③ $\dfrac{2}{5}w$ ④ $\dfrac{9}{4}w$ ⑤ $\dfrac{12}{5}w$

수능 특강 P.175 19번

19 표는 금속 A 이온과 금속 B 이온이 녹아 있는 수용액에 금속 C를 넣어 반응시킬 때, 반응한 C의 몰수에 따라 수용액 속 금속 이온의 몰수의 합과 종류를 나타낸 것이다. (나)에서 1가지 금속만 석출된다.

실험	(가)	(나)	(다)
반응한 C의 몰수	0	$3N$	$6N$
수용액 속 금속 이온의 몰수의 합	$9N$	$9N$	$10N$
수용액 속 금속 이온의 종류	A 이온, B 이온	B 이온, C 이온	B 이온, C 이온

이에 대한 설명으로 옳은 것만을 <보기>에서 있는 대로 고른 것은? (단, 음이온은 반응하지 않으며, A~C 이온의 산화수는 +1, +2, +3 중 하나이다.)

<보기>
ㄱ. B 이온의 산화수는 +3이다.
ㄴ. A 이온의 산화수는 +3이다.
ㄷ. (가)에서 용액 속 이온의 몰수는 B 이온이 A 이온의 2배이다.

① ㄱ   ② ㄴ   ③ ㄱ, ㄴ
④ ㄴ, ㄷ   ⑤ ㄱ, ㄴ, ㄷ

Q5　기출문제는 어느 시점에 풀어 보는 것이 좋을까요?

✔ 기출문제 풀이는 개념 학습과 병행하며 최소 세 번은 풀어야 한다!

✔ 제대로 된 개념 학습 & 기출문제 분석이 만점을 완성한다!

기출문제 풀이는 6월 모의평가 전까지 개념 공부와 동시에 진행하는 것이 바람직하다. 보통 아끼고 아끼다가 개념 공부를 다하고 난 뒤에 풀어야 한다는 경우가 있는데, 그건 과목마다 차이가 있을 뿐, 화학 I 공부에서 기출문제를 아끼는 것은 비효율적인 방법이다. 우리가 문제를 못 풀고 많이 틀리는 것은 개념이 없기 때문이 아니라, 개념을 문제에 어떻게 연결하고 적용해야 하는지 그 방법을 몰라서이기 때문이다. 따라서 반드시 배운 개념으로 문제를 풀이할 수 있도록 확인하는 과정이 필요하고, 그를 위해서는 개념과 기출문제 풀이는 병행되어야 한다.

그리고 기출문제는 적어도 세 번은 풀어 보아야 의미가 있다. 한 번만 풀어 보면 그저 내가 얼마나 많이 틀렸는지에만 관심을 두고 화학 I 공부에 대한 회의감만 느끼게 될 뿐이다. 한 번 전체적으로 풀어 보고 단원별로 나누어 두 번, 세 번 반복해서 풀어 보아야 하며, 다시 볼 때는 틀린 문제에 대해 내가 어느 부분에서 생각을 잘못했는지, 복잡한 문제였다면 풀이의 흐름이 어디까지 가능한지를 정리하면서 내 약점을 강점으로 만들어가는 과정을 반드시 거쳐야 한다. 종합해 보면 결국 제대로 된 개념 학습과 기출문제 분석이 만점을 만드는 길이다.

시기와 상황에 맞게 앞서 소개한 방법들을 참고하여 본인에게 가장 잘 맞는, 가장 효과적인 공부법을 찾길 바란다. 그리고 무엇보다 끊임없는 반복 학습, 체화시키는 훈련만이 내 실력을 완벽하게 해 준다는 사실을 꼭 기억하고 수능 그 실전의 날 최고의, 최선의 결과를 얻을 수 있도록 최선을 다하자.

선배가 말하는 화학 I, 1등급 실전 Tip

1. 쉬운 문제가 막히면 집중력이 흩어져 시험을 망치게 된다.

실전에서는 모르는 문제는 과감히 패스하는 결단력도 필요하다.

2. 모든 문제 풀이는 침착하고 정확하게 해라.

발문의 중요한 조건은 반드시 표시해 두고 따로 정리해 두어야 문제를 처음부터

두세 번 반복해서 읽는 시간 낭비를 막을 수 있다.

3. 킬러 한 문제를 버리고, 나머지를 100% 다 맞히자.

무조건 고난도 문제를 포기하라는 것이 아니다. 실전에서 도저히 킬러 문제에

대한 자신이 없거나 확신이 서지 않는다면, 과감히 버리고 나머지 19문제의 검

토 시간을 확보하여 안전한 1등급을 확보하도록 한다.

과학 Q3

생명을 구하려면?

박소현 EBSi 과학탐구영역 강사(現) | 덕이중학교 교사(現) | 한국교원대학교 생물교육과 졸업
서울대학교 과학교육과(생물전공) 석사 | 동백고등학교 교사(前)

"

학교에서 내신 과목으로 생명과학을 배워 보니, 내 몸에 대한 내용이 많아 신기하고 재미있는 데다 수학적 계산도 별로 없는 것 같아서 수능에서도 생명과학을 선택했다. 그런데 공부를 하면 할수록 만만치 않다는 느낌이 들고 생각보다 성적이 잘 오르지 않는다! 이제 과목을 바꿔야 하나 갈팡질팡, 도대체 유전 문제는 어떻게 풀어야 하나 머리가 지끈지끈 아파 포기 직전까지 간 방황하는 영혼들이 있다면, 이 글을 꼭 읽어 보았으면 좋겠다. 수년간 많은 학생들에게 받아온 공통 질문만 모아서 위기를 어떻게 극복하면 좋을지 나름대로 해결 방법을 제시해 보려 한다. 포기하는 것보다 극복하는 편이 더 모양새가 좋다. 자, 이제부터 '생명을 구하려면?'을 시작해 볼까?

"

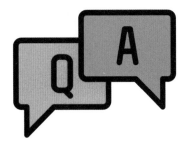

Q1 개념 공부를 한다고 했는데,
왜 문제가 안 풀리는 걸까요?

'한다고 했는데'가 문제의 원인이다

비유를 하나 들어 보면, 엄마가 외출하시면서 청소 좀 해 놓으라고 하셨다. 그래서 청소를 했는데, 엄마가 돌아오셔서 '청소는 잘 해놨어?'라고 물으신다면 어떻게 대답할까? '했지, 진짜 엄청나게 열심히 했어! 여기도 쓸고, 저기도 쓸고…' 이렇게 답하거나, 아니면 약간 자신 없이 '응, 했어' 이렇게 답할 것이다. '응, 했어'가 바로 '한다고 했는데'라고 생각하면 된다. 분명 청소를 하긴 했으니 거짓말은 아니지만, 검사하는 사람의 관점에 따라 만족하지 못할 수도 있겠다는 생각이 들기 때문에 본인도 자신이 없는 것이다. 공부도 똑같다고 보면 된다. 개념 강의도 열심히 듣고, 복습도 최선을 다해 열심히 하고, 개념서에 있는 기본 문제들도 여러 번 반복해서 풀고, '개념'에 대해서는 더 공부를 할 것이 없는 상태까지 제대로 공부했다면 아마 질문이 달라질 것이다. '저 진짜 최선을 다해서 열심히 공부했는데도 문제가 안 풀려요. 대체 뭐가 문제일까요?' 이런 식으로.

사실 이렇게까지 공부했다면 문제가 안 풀리는 상황이 생길 리 없다. 2단원의 고난도 응용문제 같은 것은 못 풀 수 있지만, 1, 4단원과 3단원 대부분은 공부한 내용이 그대로 나오기 때문에 개념 공부만 제대로 했다면 문제를 풀 수 있다. 다시 말해 '한다고 했는데'라는 표현을 쓸 정도로 공부했다면 복습이 완벽히 되지 않은 상태다. 이 상황에서의 해법은 너무 뻔하게 느껴질 수도 있지만, 다시 처음부터 제대로 꼼꼼하게 복습하는 것이다. 방법을 잘 모르겠다면 '백지 복습법'을 적극적으로 활용해 보기를 권한다.

백지 복습틀 예시

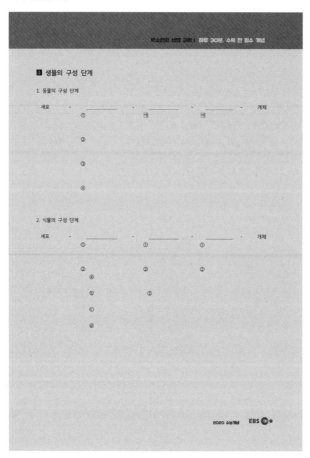

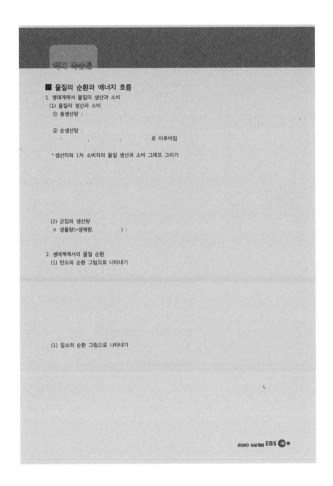

그 날 공부한 내용을 꼼꼼히 복습한 후 백지를 꺼내 놓고 처음부터 쭉 적어 내려가

보자. 아주 간단한 방법이지만 효과가 굉장히 좋고, 반대로 많이 알려진 방법임에도

학생들이 실천하지 않고 있다. 학생들의 마음을 모르는 것은 아니다. 귀찮기 때문이

다. 하지만 이런 귀찮음을 극복하고 제대로 지식을 채워가는 것부터가 진정한 공부

의 시작이라는 것을 명심하길 바란다.

Q2 수능 과목과 3학년 내신 과목이 달라서 고민인데, 잘 해내는 방법이 있을까요?

효율적인 시간 배분이 필요하다

보통 3학년 때 물, 화, 생, 지 II를 배우는데, 수능에서는 물, 화, 생, 지 I을 보는 경우가 많다. 그런데 3학년 1학기 내신 비중이 높아서 내신과 수능 어느 것도 소홀히 할 수 없는 상황이라 많이들 힘들어 한다. 결론부터 말하자면, 안타깝지만 3학년 1학기는 원래 힘든 학기이니 마음을 굳게 다잡고 두 가지를 병행하는 수밖에 없다. 하루 대부분을 학교 수업을 듣는 데 할애해야 하니 사실 내신과 수능 중 하나만 집중하기에도 시간이 부족하다. 이런 상황에서 두 가지를 함께하려면 첫 번째로 중요한 것은 효율, 두 번째로 중요한 것은 체력이다. 일단 학교 수업 시간에 배운 내용은 그 시간에 최대한 소화해야 복습할 시간을 줄일 수 있다. 시간이 부족할 때 제일 처음 줄이려고 하는 것이 잠자는 시간인데, 수능 준비는 장기전이므로 별로 추천할 만한 방법은 아니다. 잠자는 시간을 줄이기보다는 쉬는 시간, 등하교 시간 등 자투리 시간을 놓치지 않고 활용하려는 자세가 필요하다. 주중에는 주로 내신 준비에 집중하되 하루에 일정 시간은 수능 공부에 할애해서 감을 잊지 않도록 노력해야 한다. 그리고 주말에는 수능 공부 비중을 높여서 다시 바짝 수능 감을 끌어올리고, 주중에는 또 내신에 집중하는 식으로 함께 끌고 가야 한다.

Q3 수능 개념, 수능 특강, 수특 사용설명서,
기출의 미래, 수능 완성, 파이널 등을
다 듣고 싶은데, 시간이 없어서 걱정이에요
선택과 집중을 할 수 있는 학습법을 알려 주세요

수능 특강과 기출의 미래는 필수이다

일단 언급된 교재 중에서 수능 특강과 기출의 미래는 필수로 봐야 한다. 이 두 가지 기본 틀에 자신의 수준에 맞게 더하기 빼기를 하면서 계획을 세워가면 된다. 만약 본인이 학교 수업 내용을 제대로 공부해서 개념 기본기가 있는 편이라고 판단된다면 바로 수능 특강으로 시작해도 좋다. 하지만 기본기가 잘 닦이지 않은 걸음마 상태라면 시간이 없어 마음이 급하더라도 수능 개념부터 시작하는 것이 좋다. 수능 개념과 수능 특강에서 다루는 내용이 거의 비슷하지만, 수능 개념에서는 좀 더 자세하게 처음부터 차근차근 소개하는 형식으로 구성되어 있기 때문에 더 이해가 잘 될 것이다.

수능 개념을 통해 기본기를 잘 닦았다면 그다음 수능 특강에서는 개념은 생략하고 문제만 풀어도 좋다. 기출문제를 푸는 시기는 과목에 따라 다를 수 있는데, 생명과학은 평가원 문제가 어려운 편이므로 적어도 수능 특강까지는 연습해 본 후에 푸는 것을 추천한다. 아니면 수능 완성까지 다 풀어 보고 여름 방학 때 기출문제로 실전 감각을 익히는 것도 괜찮다. 그 외의 교재들은 시간적 여유가 있을 때 추가로 활용하면 된다.

수특 사용설명서는 말 그대로 수능 특강의 해설서 같은 느낌이라서 중하위권 학생들에게 추천한다. 수능 특강 문제에 제시된 자료나 선지의 내용을 파악하는 데 도움을 얻을 수 있기 때문이다.

파이널 교재는 연계 교재와 기출문제를 모두 섭렵한 학생들이 수능을 앞두고 실전 연습을 할 수 있도록 모의고사 형식으로 구성되어 있고, 문제의 수준이 높은 편이라 어느 정도 실력에 자신감이 붙은 후에 풀어 보기를 권한다.

Q4 유전이 너무 어려워요 다른 과목으로 바꾸는 게 좋을까요?

선택한 과목은 그대로 밀고 나가라

질문 자체가 잘못되었다고 생각한다. 차라리 '생명과학은 공부할수록 저랑 안 맞는 것 같아요. 지금이라도 바꾸는 게 좋을까요?' 같은 질문이라면 질문 시기에 따라 그렇게 하는 게 좋겠다는 답변이 나올 수도 있다. 하지만 '유전이 어렵다면 포기하는 게 좋을까요?'라고 고민하는 학생들에게는 그 고민 자체가 의미 없는 것이라고 답변해 주고 싶다. 왜냐하면 유전은 원래 어려운 부분이기 때문에!

학생들마다 얼마나 숙달됐는지 정도는 다를 수 있지만, 유전은 선생님들이 풀기에도 분명 어려운 파트이다. 선생님들은 푸는 요령을 알기 때문에 학생들보다 좀 더 수월하게 풀 수 있을 뿐이다. 선생님들 역시 복잡한 문제는 푸는 데 시간도 오래 걸리고 머리도 몹시 아프다. 따라서 유전을 어렵게 느끼는 것은 지극히 정상적인 반응이다. 그리고 결정적으로, 생명과학에 유전 파트가 있다면 다른 과학탐구 과목에도 똑같이 어려운 단원이 하나씩 존재한다. 그래야만 등급 변별이 가능하기 때문이다. 그러니까 지금 유전이 어렵다고 다른 과목으로 바꾼다면 생명과학의 중간쯤에 있다가 다른 과목의 최하위로 자청해 들어가는 꼴이며, 그 과목의 어려운 단원을 처음부터 새로 익혀야 하는 셈이다. 과목을 바꾸는 것은 대부분 학생들에게 좋은 해법이 될 수 없으므로 탐구 과목을 한 번 선택했다면 그대로 밀고 나가는 것이 좋다.

우리가 처음 수능 공부를 시작할 때 정말 많은 고민 끝에 탐구 두 과목을 골랐을 텐데, 그때의 생각을 다시 한 번 돌이켜 보고 마음을 다잡으라고 조언해 주고 싶다. 국어에서 비문학 문제가 어렵다고 '비문학이 너무 어려워요. 국어 시험에 응시하지 말까요?'라고 질문하지 않는 것처럼, 공부하다가 어려운 부분을 만났을 때 도망치려고 하기보다는 어떤 교재, 어떤 강의로 그 부분을 극복할 수 있을지 고민하는 것이 올바른 방향이다. 그리고 유전 문제는 피아노를 배우는 것과 비슷하다고 생각한다. 처음 시작하는 단계에서 어려운 곡의 악보를 보면 '이게 뭔가, 사람이 칠 수 있는 걸까?' 겁이 나지만 하루하루 한두 마디씩 계속 반복해서 연습하다 보면 결국 칠 수 있게 되듯이, 유전 문제도 한 문제, 두 문제 계속 길을 찾아보고 고민해 보는 경험이 조금씩 쌓이면 나중에 술술 풀 수 있는 날이 올 것이다.

Q5　3단원에서 외울 것이 너무 많아요 공부한 내용을 자꾸 잊어버리는데, 어떻게 해야 할까요?

계속 조금씩 접하면서 익숙해져라

어떤 학생들은 오히려 2단원이 더 낫다, 3단원이 훨씬 더 힘들다고 말하기도 한다. 그도 그럴 것이 2단원은 수학과 성격이 비슷해서 외울 부분은 적고, 기본 원리를 이해해 다양한 문제에 적용해 풀면 된다는 명확한 해법이 있다. 하지만 3단원은 많은 내용을 정확하게 암기하고 있어야 문제를 풀 수 있어서 암기에 약한 학생들이 어려움을 겪을 수밖에 없다. 3단원 역시 어렵다는 이유로 포기해서는 안 된다. 출제되는 문항 수가 2단원과 같으니 결코 소홀히 할 수 없는 단원이다. 선생님이 줄 수 있는 해법은 '계속 조금씩 접하면서 익숙해지기'이다. 예를 들어, 오늘 말초 신경계를 공부했다면 교감 신경과 부교감 신경이 각각 어디에서 뻗어 나오는지 무척 헷갈릴 것이다. 그럴 때는 달력 뒷면 같은 큰 종이에 그 내용을 큼직하게 정리해서 방문이나 책상 앞에 1주일 정도 붙여 둔다. 그래서 오고갈 때마다, 공부하다 잠깐씩, 정면을 바라보며 휴식을 취할 때마다 한 번씩 쭉 훑으며 읽어 본다. 이렇게 1주일 정도만 해도 어느 정도 머릿속에 내용이 정리되는데, 그다음에는 또 다른 내용을 정리해서 붙여 두고 익숙해질 때까지 보는 것을 계속 반복한다. 이 방법은 내신 준비에 바빠 수능 준비에 약간 소홀해질 수 있는 3학년 1학기를 슬기롭게 보내는 방법으로도 활용할 수 있다. 유치한 방법 같다고 우습게 생각하지 말고 한 번 실행해 보라. 가랑비에 옷 젖는다고 자신도 모르는 사이에 교감 신경과 부교감 신경이 실전에서 툭 하고 튀어나올 것이다.

Q6 시험을 볼 때마다 시간이 너무 부족해요 어떻게 극복할 수 있을까요?

원인을 제대로 분석해라

시간이 부족한 경우, 원인은 크게 두 가지로 나누어 볼 수 있다. 첫 번째는 '지식이 완벽하게 갖추어지지 않았기 때문'이고, 두 번째는 '빨리 푸는 연습을 하지 않았기 때문'이다. 대부분 학생들은 사실 첫 번째 원인에 해당한다고 할 수 있다. 내용을 정확히 모르기 때문에 자신 있게 팍팍 풀고 넘어가지 못하고 보기 하나의 진위를 가려내기 위해 끙끙대며 고민한다. 보기 하나에서 10초만 더 고민해도 전체적인 흐름이 늘어질 수밖에 없고, 어려운 문제는 손도 못 대고 끝나게 된다. 이때는 괜히 시간 단축 연습을 한다고 문제를 무리하게 풀기보다는 오히려 개념을 다시 한 번 보거나 기본 유형의 문제들을 풀어 보는 것이 중요하다. 마음이 급하다고 소위 '양치기'로 해결하려 하는 것은 차의 엔진이 고장 나서 앞으로 나가지 않을 때 기름을 더 넣어서 해결하려고 하는 것과 같다. 원인을 제대로 분석해서 그에 맞는 해결 방법을 찾는 것이 효과적이다.

만약 지식이 잘 갖추어져 있어서 문제를 풀 때 헷갈리지는 않는데 시간이 부족하다면 지나치게 꼼꼼하게 풀기 때문이다. 이 경우에는 27분 동안 최대한 많은 문제를 해결하는 연습을 반복적으로 한다면 생각보다 쉽게 해결될 것이다.

Q7 문제를 풀 공간이 부족해요 실전에서는 연습지도 사용할 수 없다는데요

여백에 푸는 연습을 미리 해 두어라

생명과학 수능 시험지는 다른 과목에 비해서도 여유 공간이 없는 것이 사실이다. 그런데 가계도 분석이나 확률 계산을 하려면 공간이 많이 필요하다. 이때는 어쩔 수 없이 시험지 여백 공간을 알차게 활용하는 수밖에 없다. 그런데 이것도 미리 연습하지 않고 실전에서 좁은 여백에 글씨를 깨알같이 적어 넣으려 하면 시간이 오래 걸리고, 자신이 써 놓은 내용을 식별하지 못해 실수하는 일이 생길 수도 있다. 그러므로 '여백에 푸는 연습'도 미리 해 두어야 한다. 풀이 과정을 어떻게 하면 한 획이라도 줄여서 표현할 수 있을지 계속 고민해야 하는데, 자기만의 표기법을 만들어도 좋다. 문제에서 '유전병 (가)'라고 표현되어 있을 때 'ㄱ'으로만 표기한다든지, 'A*'을 'A ′'로 표기한다든지 하는 방법으로 시간과 공간을 단축하는 연습을 적어도 여름 방학 때부터는 꾸준히 하는 것이 좋다.

과학 Q4

지구를 지키려면?

박주원 EBSi 과학탐구영역 강사(現) | 대일고등학교 교사(現) | 이화여자대학교 과학교육과(화학교육전공) 졸업

"

수험생들에게 지구과학이라는 과목은 쉬운 듯 그러나 절대 쉽지 않은, 1등급이 내 꺼인 듯 내 꺼 아닌, 또 내 꺼 같은 그런 존재이다. 또한, 수험생들 중에는 '지구과학은 선택자 수가 많아서 무조건 1등급 받기 쉽다. 암기만 잘하면 만점 받는다' 등의 검증되지 않은 오해를 하는 경우도 많다. 지구과학 공부에 대한 오해와 진실을 파헤치고, 가장 효과적인 공부법은 무엇인지 지금부터 살펴보자. 자, 그럼 이제부터 '지구를 지키려면?'을 시작해 볼까?

"

Q1   탐구 과목의 선택 요령 같은 거 어디 없을까요?

✔ 탐구 과목 선택은 빠를수록 좋다. 미리미리 선택해서 내공을 쌓아라!

✔ 응시 인원수가 많은 과목을 선택하는 것이 효율적이다!

✔ 지구과학 1등급의 관건은 절대적인 공부량이다!

실제로 6월 모의평가 이후 타 과목으로 선택 과목을 변경하는 학생들이 많은데, 과목의 특성을 떠나서 어떠한 과목이든 절대적인 공부량을 따라잡을 수 있는 요소는 없다. 제아무리 머리가 좋다 해도 운이 따르지 않는다면 미리부터 선택해서 꾸준히 공부하여 내공을 쌓아온 친구를 이길 수 없는 법이다.

다른 과학탐구 과목보다는 상대적으로 체감 난도가 낮고 투자 대비 좋은 등급을 받을 수 있는, 가장 많은 수험생이 선택하는 지구과학 I! 의심하지 말고 본인의 진로와 관계가 있다면 더더욱 빨리 선택하고, 확신하고, 공부하는 것이 중요하다.

하지만 응시 인원수가 많다는 것이 시험 문제가 쉽고, 내가 무조건 1등급을 받는다는 것을 의미하지는 않음을 명심해야 한다. 응시 인원수가 많았던 과목을 선택하는 것이 효율적이기는 하지만, 이는 안정적인 등급 확보를 위해 유리한 전략을 수립하는 방법일 뿐, 수능을 출제하는 한국교육과정평가원에서도 탐구영역 과목 간 난이도 조절과 만점자 비율에 대한 유지를 위해 상위권 수험생이 편중되는 과목의 문항은 다른 과목에 비해 어렵게 출제해 평균과 표준편차를 일정 수준으로 유지하려고 노력한다는 사실을 잊어서는 안 된다.

〈2019학년도 수능〉 선택자 수

구분	과학탐구영역(최대 2과목 선택 가능)								계
	물리 I	화학 I	생명과학 I	지구과학 I	물리 II	화학 II	생명과학 II	지구과학 II	
인원(명)	63,328	94,037	163,611	177,840	3,605	3,789	9,968	9,105	525,283
비율(%)	24.09	35.78	62.24	67.66	1.37	1.44	3.79	3.46	199.84

Q2 지구과학 암기는 어떻게 해야 하나요?

✔ 백지 노트로 공부한 내용을 체계적으로 정리해라!

✔ 착실한 개념 정리 후 문제 풀이로 넘어가라!

지구과학 I은 완벽한 암기가 기반이 되어야 하는 단원이 많으므로 성급한 문제 풀이보다는 착실한 개념 정리가 우선시 되어야 한다. 백지 노트를 활용하여 공부한 내용을 체계화해 적어 보고 그 내용을 반복하는 것이 중요하다. 이때, 무조건 공부한 내용을 단순히 요약한다거나 지엽적인 예들을 나열하는 식의 정리는 큰 도움이 되지 못한다. 중요 개념과 개념의 인과관계를 논리적으로 연결하고, 단원별로 연계되는 부분을 체계적으로 정리해 두는 것이 많은 양에 대한 부담감을 줄여 주는 방법이다.

Q3 지구과학은 하나도 빠짐없이 외어야 한다는 말도 있고, 전체적인 흐름을 파악하는 것이 우선되어야 한다는 말도 있는데, 뭐가 맞는 말인가요?

✔ 전체적인 큰 숲도 파악하지 못한 채 지엽적인 개념에만

매달려 있는 게 아닌지 확인해라!

암기할 내용이 많다는 것은 다른 과학탐구 과목들보다 지구과학만이 가진 큰 특징인 건 사실이다. 그래서 교과서와 개념서를 하나도 빠짐없이 꼼꼼하게 보는 것이 필수이다. 하지만 과연 이해 없는 단순 암기로 맞힐 수 있는 문제가 몇 문제나 될까? 주변을 보면 지구과학의 전체적인 단원별 흐름을 파악하기도 전에 교과서 귀퉁이에 있는 작은 글씨, 정말 치사하게 내면 이런 것도 출제될 수 있겠다는 작은 확률에 집착하는 친구들을 꽤 볼 수 있다. 이는 진짜 글자 그대로 외우면 맞힐 수 있는 것들이긴 하지만, 내가 지금 지구과학 등급이 잘 안 나오는 것은 그 지엽적인 문제들을 못 맞혀서가 아닐 것이다. 더는 시간 낭비하지 말고, 일단 나무를 보지 말고, 나무는 나중에 진짜 지구과학의 달인이 되었을 때 보고 숲부터 아우를 수 있는 공부를 하자.

Q4 아는데 자꾸 실수해요. 어떻게 해야 하나요?

✔ 쉬운 단원의 문제라고 해서 발문을 꼼꼼하게 읽지 않고

문제를 풀고 있는 게 아닌지 확인해라!

시험을 보고 나서 친구들이 많이 하는 말 중에 '저 그거 아는데, 실수했어요' 또는

발문에 전체라는 말을 못 봤어요', '조건이 강수량인데, 저 혼자 온도라고 해석했어요' 등 여러 가지가 있다. 도대체 왜 아는데 틀리는 것이며, 발문에 정확하게 적혀 있는 조건을 본인 마음대로 해석하게 될까? 만일 내가 그 단원의 개념이 완벽하게 숙지되어 있었다면 어떤 상황에서도 그것들을 문제에 100% 활용해서 100% 그 문제를 맞혀야만 하는 것이 옳다. 그러지 못했다면 내가 그 개념과 개념을 문제에 적용하는 방법을 제대로 숙지하지 못한 것임을 겸허히 받아들여야 한다. 그와 동시에 문제를 빨리 푸는 게 중요한 것이 아니고, 한 문제를 풀더라도 정확하고 꼼꼼하게 푸는 것이 오히려 좋은 등급을 받을 수 있는 방법임을 명심 또 명심해야 한다.

Q5 천체 단원을 공부하는 학습 Tip 같은 게 있을까요?

✔ 처음에 배운 개념을 가지고 다양한 형태로 조합해 보아라!

천체 단원을 처음 공부할 때는 관측자 기준에서의 천구, 지구 기준에서의 천구와 그 용어들부터 정리하고, 그다음에 북극 지방, 북반구 중위도, 적도 지방에 대한 특징을 공부하고, 좌표계가 나오기 시작하면서 태양의 적위 개념과 함께 계절 변화 등의 내용을 익히게 된다. 이들을 단편적으로 정리하고 이해하는 것은 물론 필요한 과정이긴 하지만 실제 문제를 풀 때는 도움이 되지 않는다. 실전에서 문제를 풀어서 정확하게 '맞히기' 위해서는 어떻게 해야 할까? 바로 이 개념들을 차곡차곡 쌓아서 한꺼번에 통합적으로 조합해 보는 연습을 해야 하고 이들을 해석하는 방법을 익히는 것에 집중해야 한다. 그리고 대표 유형의 문제들을 풀어 보면서 고도, 적위, 방위각 등 나올 수 있는 것들을 모두 다 적용해 보는 습관을 들이면, 기출 몇 문제를 가지고도 천체의 전체 내용을 공부할 수 있는 효과를 누릴 수 있다.

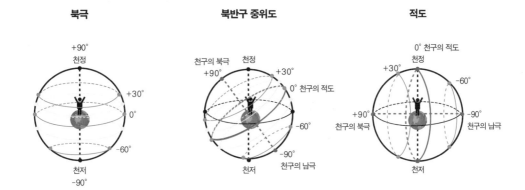

| 북극 | 북반구 중위도 | 적도 |

한 가지 팁을 주자면 기초가 전혀 없어도 입체적으로 개념을 이해할 수 있는 '지구과학 3D 특강'을 수강할 것을 권한다. 5분 미만의 짧은 클립이라서 학습하기에도 부담이 없을 것이다. 무엇보다 무료라는 것! ebsi.co.kr에서 강좌명만 검색하면 바로 찾을 수 있다. 참고로 천체 부분은 2022학년도 수능부터는 시험 범위에 포함되지 않는다.

Q6 소위 말하는 신유형은 어떻게 공부해야 하나요?

✔ 새로운 유형을 익히고 최대한 다양한 문제를 풀어 보아라! (단, 검증된 문제들로만)

지구과학은 다른 과목과는 다르게 새로운 유형의 문제들이 계속 출제되고 있다. 그래서 계속해서 최신 트렌드를 익히고 최대한 많은 문제들을 접해 보아야 한다. 특히, 그 해에 일어난 자연적인 현상들, 예를 들어 화산, 지진, 태풍과 같은 현상들을 눈여겨 보아야 하며 그와 관련된 단원의 개념들은 따로 정리해 두는 것이 좋다. 그리고 쉬운 단원이라도 새롭게 출제된 선택지나 변화된 부분은 놓치지 말고 노트에 적어 두고, 헷갈리는 부분은 스스로 간단한 OX 퀴즈를 만들어서 공부하는 것이 좋다.

Q7 그림, 도표, 그래프, 자료 등은 따로 정리해 두어야 하나요?

✔ 연계 교재와 기출문제의 빈출되는 자료는 따로 정리해 두어라!

✔ 변형 가능한 자료의 형태를 스스로 만들어 보아라!

과학탐구영역에서 가장 중요한 것은 자료를 분석하는 능력이다. 이를 위해서는 각 단원에서 나올 수 있는 여러 가지 자료들을 유형별로 정리하는 과정이 필요하며, 이러한 자료들은 '표 1-1'과 '표 1-2'처럼 기출문제 및 연계 교재와의 연계율이 70% 인 것들이 많으므로, 이들을 활용하여 빈출되는 그래프나 표, 그림 등은 완벽히 이해될 때까지 반복하고 또 반복해서 학습하도록 해야 한다. 또한, 유형 정리 후에는 자료가 어떤 식으로 변형되어 나올 수 있을지에 대한 여러 가지 예측을 스스로 해볼 필요가 있다. 가령 그래프의 x축과 y축을 바꾸어 본다든지, 관측자의 시점을 바꾸어 본다든지 하는 것이다. 스스로 출제자가 되어 보는 과정을 통해 실전에 대비할 수 있다.

(표 1-1)

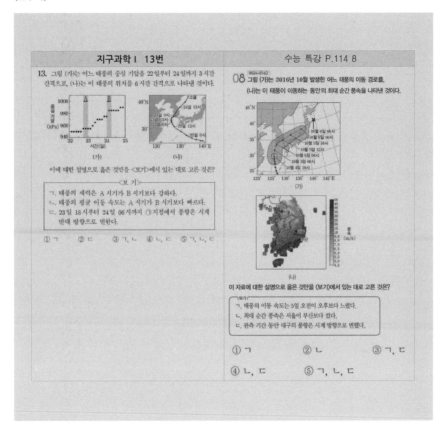

(표 1-2)

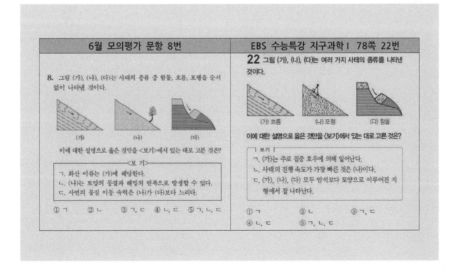

Q8   지구과학을 공부하는 순서가 따로 있나요?

✔ 단원별로 난이도 차이가 크므로 본인 수준에 맞는 순서대로 공부해라!

01 행성으로서의 지구 ◎

02 지구의 선물 ◎

03 아름다운 한반도 ✕

04 고체 지구의 변화 △ 후반부(판구조론✕→풍화◎)

05 유체 지구의 변화 △ 후반부(다양한 기상 현상, 대기 대순환과 표층 해류)

06 환경 오염 ◎

07 기후 변화 ◎ 후반부(지구 온난화, 오존층 파괴)

08 천체의 관측 ✕

09 우주 탐사 ✕

* ◎ 표시한 개념을 무한 반복

단순 암기가 대부분을 차지하는 단원이 있지만, 과학적 원리와 현상에 대한 이해, 자료의 변형이 여러 가지로 이루어질 수 있는 복잡한 단원도 혼재된 것이 지구과학 I의 특징이다. 또한, 단원별로 연계성이 크지는 않기 때문에 수준별로 단원을 선택한 후 학습하여 순서를 달리하는 것도 효율적인 공부 방법의 하나가 될 수 있다.

하위권의 경우 위 예시처럼 쉬운 단원부터 시작하여 표시한 개념을 무한 반복하면서 그와 관계된 연계 교재와 기출문제를 완벽하게 이해함으로써 15문제는 무조건 다 맞힌다는 목표로 공부하는 것이 좋다. 중위권의 경우 순서는 위와 같이 시작하되 천체의 관측 단원에서는 전략적 접근이 필요하다. 태양계 모형의 케플러 법칙, 내행성과 외행성의 운동까지 단계적으로 학습하고 지구의 자전과 일주 운동, 지평 좌표계, 적도 좌표계와 같이 어려운 단원은 빼고서라도 나머지 부분을 완벽하게 정리하여 최대 18문제를 맞히는 것을 목표로 공부하도록 한다. 상위권의 경우에는 모의고사에서 등급이 잘 나왔더라도 겸손한 마음을 잃지 말고 계속해서 누적 복습해야 하며, 쉬운 문제에서 함정에 빠지지 않도록 주의해야 한다. 다양한 자료의 변형을 예측하여 고난도 문제에 대비하고, 교과서를 정독하여 지엽적인 개념까지도 완벽하게 암기해 실전에서 당황하지 않도록 해야 한다.

지금까지 지구과학 I을 선택한 수험생들에게 필요한 공부법과 주의해야 하는 요소들을 알아보았다. 이해 기반 암기 분량이 상대적으로 많은 지구과학에서 좋은 등급을 받기 위해서는 무엇보다 오래된 내용을 잊어버리지 않게 무한 반복하고, 쉬운 내용에서 출제되는 함정에 주의해야 하며, 천제 단원에 대한 전략적인 학습이 중요하다. 남은 기간의 공부로 모두가 만점을 받을 수는 없겠지만, 최대한 실수를 줄이고 시험이 끝나는 그 순간까지 최선을 다한다면 결과는 내 노력을 절대 배신하지 않을 것이다.

선배가 말하는 지구과학 I, 만점 실전 Tip

1. 기출문제로 중요한 뼈대를 잡고, EBS 강의로 살을 붙이면서 학습해라.

EBS 연계 교재의 연계율에 따른 중요 문제와 지엽적인 선지를 공략해라.

2. 천체 파트는 많은 자료의 인과관계를 파악하는 것이 중요하다.

문제를 풀기 전 행성들의 움직임을 상상하면서 이해를 높이는 작업이 필요하다.

3. 쉬운 단원도 신유형의 선택지와 변화된 내용은 반드시 체크해라.

헷갈리거나 새로운 선택지는 OX 퀴즈로 만들어서 완벽히 암기해라.

UNIT 07

기출 공부법

공통 Q

최적의 기출 공부

최적   EBSi 사회탐구영역 강사(現) | 이투스 대표강사(現) | 강남구청 인터넷 수능방송 대표강사(現)
성균관대학교 법과대학 졸업 | 고려대학교 교육대학원 사회교육학 석사

> "
>
> 기출문제는 스스로 해설할 수 있을 만큼 반복적으로 풀어 봐야 한다. 반복적
> 으로 푼다는 것은 단순히 풀었던 것을 풀고 또 풀면서 답을 맞히는 것이 아
> 니다. 풀면서 문제 맛이 달라진다는 것을 느껴야 한다. 이것은 그 전에 안 보
> 였던 것이 보이고, 출제자의 의도를 계속 곱씹는 과정에서 더 드러난다. '한
> 번 풀었다, 나는 더는 풀 게 없다, 다른 문제를 구하러 다니겠다, 더 지엽적
> 인 것을 준비하겠다'라고 하는 것보다 본질적인 기출문제 풀이를 반복적으
> 로 곱씹어서 공부할 필요가 있다.
>
> "

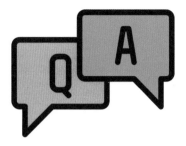

Q1 수능 특강 전에 기출문제를 다 풀어야 하나요?

수능 특강을 보기 전에
기출문제를 먼저 보는 것이 유리하다

수능 특강은 연계 교재이다. 연계 교재를 빨리 공부하고자 하는 마음에 기출문제를 건너뛰고 싶은 마음은 이해가 간다. 하지만 기출문제가 왜 중요한가? 어디서, 어떻게, 무엇이 나오는지는 기출문제 속에 그 해답이 있다. 기출문제를 안 풀고 수능 특강을 먼저 푼다면 기출의 트렌드를 놓치게 된다. 그래서 기출문제가 무엇보다 중요하다. 하지만 개념이 제대로 잡혀 있지 않다면 아무 소용 없다. 개념을 제대로 학습한 후 기출문제 유형을 익히고 연계 교재를 보길 권한다. 수능 특강을 학습하면서 기출문제로 유형을 확인하는 것은 무방하다. 제일 중요한 것은 개념이다.

Q2   10년 전 기출문제까지 다 풀어야 하나요?

기출문제는 최근 교육 과정에 맞춘
출제 가능한 문제를 우선으로 풀어야 한다

그냥 많은 양의 문제를 풀어야겠다는 여러분의 욕심, 잘 알고 있다. 하지만 그 욕심 때문에 아주 이전 교육 과정의 문제를 풀겠다는 것은 과욕이다. 우선 현재 교육 과정에 맞춘 문제를 풀어라. 그걸 다 풀었다면 직전 교육 과정까지는 추천할 수 있지만, 아주 오래된 문제(선생님이 풀던 10년 전 문제 같은)는 추천하지 않는다. 교육 과정에 맞는 기출문제를 우선 풀어야 한다는 것을 꼭 명심하자.

Q3   해설집 활용은 틀린 문제 중심으로
하면 되나요?

맞힌 문제든 틀린 문제든
해설집을 꼼꼼하게 읽어야 한다

기출 문제집은 두 권의 책으로 이루어져 있다. 문제집과 해설집으로 분리할 수 있다. 해설집은 단순하게 정답만 있는 책이 아니다. 아주 자세한 해설과 더불어 추가로 알아야 할 내용이 상세하게 들어가 있다. 따라서 기출문제 해설을 어떻게 활용하느냐에 따라 기출 공부의 승패가 갈린다고 해도 과언이 아니다. 하지만 대부분 학생들은 자신이 틀린 문제만 확인하는 경우가 많다. 이것은 바람직하지 않은 기출 공부법이다. 우리가 문제를 풀다 보면 맞히긴 했는데 확신 없이 맞히는 경우도 있고, 잘못 풀었는데 운 좋게 맞히는 경우도 있다. 이렇게 맞힌 것은 내가 알고 있는 것이 아니다. 내가 제대로 알지 못하고 푼 것들은 무시하고, 내가 틀린 것만 확인하다 보면 다음에 또 다른 곳에서 틀리게 된다. 이런 실수를 반복하지 않으려면 출제자의 의도를 정확하게 파악해야 한다. 해설집은 문제 풀이뿐만 아니라 추가로 알아야 할 내용까지 정리되어 있어 문제에 대응하는 방법, 즉 출제자와의 교감 같은 것들이 다 들어가 있다고 보면 된다. 그러므로 기출 문제집은 문제집과 해설집 두 권의 책을 본다고 생각하고 꼼꼼히 보아야 한다.

Q4 기출문제는 한 번만 풀면 되는 것 아닌가요?

기출문제는 스스로 해설할 수 있을 만큼 반복해서 풀어 봐야 한다

'기출문제를 봤어요', '선생님, 답이 기억 날 때까지 보고 또 봤거든요'라고 하는 친구들이 있는데, 과연 여러분이 몇 번 풀어 봤다는 것만으로 기출문제를 정확하게 해설까지 공부했다고 할 수 있을까? '이건 객관식이니까 해설할 필요 없이 답만 고르면 되는 거 아닌가요?' 하는 친구들도 있다.

'반복해서 풀어 볼까요?' 반복해서 푼다는 것은 단순히 풀었던 것을 풀고 또 풀면서 답을 맞히는 것이 아니다. 풀면서 문제의 맛이 달라진다는 것을 느껴야 한다. 이것은 그 전에 안 보였던 것이 보이고, 출제자의 의도를 계속 곱씹는 과정에서 더 드러난다. '한 번 풀었다, 나는 더 풀 게 없다, 다른 문제를 구하러 다니겠다, 더 지엽적인 것을 준비하겠다'라고 하는 것보다 본질적인 기출문제 풀이를 반복적으로 곱씹어서 공부할 필요가 있다.

Q5 최적 선생님만의 기출문제 공부법 Tip을 알려 주세요

01 직접 해설집을 만들어라

여러분이 참 부러운 게, 요즘은 기출 문제집 해설이 자세하게 나와 있지만 선생님이 공부할 때는 그렇지 않았다. 그래서 반마다 열심히 공부하는 친구들끼리 모여서 해설을 직접 써야 했다. 그런데 그게 큰 도움이 되었던 것 같다. 왜냐하면 스스로 찾아보고 의견을 교환하는 과정에서 내공이 쌓이고, 본인 스스로 해설집을 쓴다는 것에 대한 재미까지 찾을 수 있었기 때문이다.

좋은 기출 문제집 뒤에 바로 해설이 있는데, 왜 직접 써야 할까? 수능이 다가오면 다가올수록 여러분의 집중력이 흐트러지는 경우가 있다. 그럴 때일수록 좋은 기출 문제의 해설을 직접 써 보는 것을 강력하게 추천한다. 남들이 쓴 것을 그냥 읽는 것과 직접 써 보는 것은 다르다. 본인이 직접 써 보고 해설집과 비교해 보면서 단 하나의 선지도 놓치지 않겠다는 마음으로 공부하길 바란다.

02 기출문제는 진도별로 먼저 공부해라

선생님도 서점에 간다. 기출 문제집이 매우 많아서 한 권 한 권 꺼내 보고 해설도 비교해 보는데, 어떤 기출 문제집은 회차별로 되어 있다. 회차별로 푸는 것은 진도별로 기출문제를 다 풀어 본 후, 그다음에 시간을 맞춰 풀 수 있는지에 대한 연습을 할 때 필요하다. 그냥 한 번 정도 풀어 보고 난 후 회차별로 푸는 기출 문제집을 풀면 그냥 점수만 낸다는 느낌밖에 들지 않는다. 진도별로 쭉 한 번 정리하는 것이 필요하다. 가능하다면 과거 기출문제부터 최근 기출문제까지의 흐름대로 풀기를 추천한다. 그렇게 따라가다 보면 최근 트렌드까지도 파악할 수 있다. '선생님, 그러면 기출문제 풀이에 너무 많은 시간을 할애하는 것 아닌가요?'라고 말하는 친구들도 분명 있을 것이다. 선생님도 모르지 않는다. 그럼에도 불구하고 기출문제 푸는 시간을 줄여서 다른 문제 푸느라 시간을 낭비하진 않았으면 좋겠다는 말을 해 주고 싶다. 어디서 무엇이 어떻게 나오는지는 기출이 수능의 역사를 보여 주기 때문이다. 그만큼 기출문제는 중요하고 또 중요하고 또 중요해서 이렇게 당부한다. 기출문제의 소중함을 꼭 알아주길 바란다.

03 기출문제는 반복해서 공부해라

제자들에게 물어보면 기출 문제집을 한 번만 풀고 만다고 한다. 선생님이었으면 기출 문제집을 두세 번 준비해서 푸는 것을 마다치 않았을 것이다. 한 번 보고 두 번 보고 세 번 보면 더 곱씹을 수 있는 부분이 있다. 소설책이나 시집, 에세이 등은 한 권 산 것을 다시 사지는 않는다. 하지만 기출 문제집은 다르다. 그만큼 반복해서 풀어 주길 희망한다.

지금까지 기출문제의 중요성, 소중함을 살펴보았다. 구슬이 서 말이라도 꿰어야 보배이듯이 기출문제의 소중함을 아는 것에서 그치지 말고, 여러분이 직접 남을 이해시킬 수 있을 만큼 기출문제를 온전히 자기 것으로 만들면 좋겠다. 이제 그 기출의 역사에서 여러분이 풀어갈 수능 문제! 여러분이 고르는 것이 정답이 되고, 정답까지 이르는 길이 해설집이 되길 희망한다. 여러분이 만든 해설이 해설집에 실리는 그 날을 위해 EBS가 응원할 것이다.

국어 Q

국어 기출 공부의 육하원칙

남궁민 EBSi 국어영역 강사(現) | 외부고등학교 교사(現)

"

수험생이라면 '기출은 진리'라든지 '기출만 무한 반복하면 성적은 오르게 돼 있다' 하는 조언들을 쉽게 접하게 된다. 이런 조언들이 나름의 일리는 갖고 있지만 자칫 수험생들에게 독약이 될 수도 있다. 아무리 기출문제가 '진리'라고 할지라도 무턱대고 그것을 제한 시간 안에 풀어 보는 방식의 공부만으로는 그 '진리'의 끝자락도 발견하기 어렵고 따라서 효과적으로 실력을 기를 수도 없기 때문이다. 지금부터 국어 공부에서 기출문제는 왜 중요하고, 무엇을 어떻게 공부해야 효율적인지 가장 바른 길을 안내할 테니 주목하길 바란다. 쉽게 이해가 되도록 육하원칙을 활용하되, 일반적인 순서와 달리 거슬러 올라가면서 알아보겠다.

"

Q1 왜?

맨 처음 생각해 볼 문제는 기출문제가 '왜' 중요한가 하는 것이다. 자, 이런 생각을 한 번 해 보자. 나한테 이배수라는 이름의 친구가 있다고 해 볼까? 그 친구가 나를 만날 때마다 아무리 새로운 옷으로 갈아입고 나타나더라도 나는 내 친구 이배수를 알아보고 '안녕, 이배수!'라고 인사할 것이다. 옷이 달라져도 나는 친구의 얼굴을 알고 있기 때문이다. 더구나 친구가 가진 옷은 그 수가 한정되어 있기 마련이라서 자주 만나다 보면 조합의 패턴은 어느 정도 예상이 가능하다.

국어 기출문제도 그와 같다고 보면 된다. 비록 구체적인 형태가 조금씩 달라진다 하더라도 수능 국어는 그 제재가 되는 글의 성격, 분야별 주요 출제 요소, 문두와 선지의 진술 형식 등 모든 면에서 소소한 변화의 밑바탕을 이루는 반복적 패턴이 뚜렷하게 존재하기 때문이다. 그래서 기출은 이른바 '오래된 미래'라고 부를 수 있다. 기출문제를 잘 들여다보고 반복되는 패턴을 익혀 두는 것은 학생 여러분이 수능 날 펼치게 될 시험지에 인쇄되어 있을 문제를 예측할 수 있는 지름길이다. 그런데 여기서 잠깐! 친구의 10년 전 얼굴을 아는 것보다 최근 얼굴을 아는 게 친구를 알아보는 데 더 도움이 되는 건 너무나 당연하다. 기출문제도 마찬가지이다. 10년 전, 20년 전 기출문제보다는 최근 기출문제가 더 중요하다.

Q2 어떻게?

그렇다면 기출문제는 어떻게 공부해야 가장 효과적일까? 우선 대표적인 잘못된 기출 공부 유형 세 가지를 살펴보자. 자신의 공부법이 세 가지 중 하나에 속하는 건 아닌지 점검해 보길 바란다.

유형1 '선생님, 저는 최근 3년 동안의 기출문제들을 집중적으로 반복 학습하고 있습니다.
이 속에 길이 있겠죠?'라는 유형

한마디로 바람직하지 못하다. 하도 많이 들여다봐서 이제는 답까지 다 외워 버린 문제를 보고 또 보는 게 무슨 의미가 있을까? 더는 캐낼 게 없는 문제만 계속 붙들고 있는 방식은 버리도록 하자.

유형2 '1994학년도부터 작년까지 평가원이 낸 모든 문제를 풀고 있어요.
굉장히 오래 걸리네요. 하지만 반드시 큰 효과가 있겠죠?'라는 유형

이것도 별로 효율적인 공부는 아니다. 일단 문제 수가 너무 많다. 아주 오래전의 기출문제들은 요즘의 문제들과 스타일이 많이 다르다. 그래서 이런 문제들을 풀고 복습하는 과정에는 불필요한 에너지 낭비가 있을 수밖에 없다.

유형3 '저는 1주일에 모의고사를 한 회씩 시간을 재며 풀고 저의 성적 추이를 그래프로 그려 나가고 있어요. 이렇게 꾸준히 관리하면 점수가 상승 곡선을 그리겠죠?'라는 유형

이것도 별로 권할 만한 공부는 아니다. 물론 문제 풀이가 나쁠 건 없고 시간 관리 연습도 되는 면이 있다. 하지만 자신의 점수가 보이는 추이에서 유의미한 정보를 얻어내려는 것은 무용한 일이다. 왜냐하면 자신이 푸는 회마다 전체적인 난이도가 제각각이기 때문이다.

단언컨대 이런 방식의 기출 공부로는 성적을 효율적으로 올릴 수 없다. 그럼 어떻게 해야 할까? 자, 제일 중요한 세 가지 방법을 말할 테니 명심하길 바란다.

01 정답의 근거, 오답의 이유를 꼼꼼히 확인해라

시간이 꽤 걸리더라도 문제를 푼 다음 후속 작업을 아주 충실하게 실행해야 한다. 예를 들어 보자. 이른바 '불수능'이었던 2019학년도 수능의 독서에서 16번 문제, 그리고 해당 지문의 일부를 골라 보겠다.

(예제 1) 2018년 11월 〈2019학년도 수능〉

채권의 내용은 민법과 같은 실체법에서 규정하고 있고, 그것을 강제적으로 실현할 수 있도록 민사소송법이나 민사집행법 같은 절차법이 갖추어져 있다. 갑은 소를 제기하여 판결로써 자기가 가진 채권의 존재와 내용을 공적으로 확정받을 수 있고, 나아가 법원에 강제 집행을 신청할 수도 있다. 강제 집행은 국가가 물리적 실력을 행사하여 채무자의 의사에 구애받지 않고 채무의 내용을 실행시켜 채권이 실현되도록 하는 제도이다.

을이 그림 A를 넘겨주지 않은 까닭은 갑으로부터 매매 대금을 받은 뒤에 을의 과실로 불이 나 그림 A가 타 없어졌기 때문이다. 결국, 채무는 이행 불능이 되었다. 소송하더라도 불능의 내용을 이행하라

는 판결은 나올 수 없다. 그림 A의 소실이 계약 체결 전이었다면, 그 계약은 실현 불가능한 내용을 담고 있기 때문에 체결할 때부터 계약 자체가 무효이다. 이행 불능이 채무자의 과실 때문에 일어난 것이라면 채무자가 채무 불이행에 대한 책임을 져야 한다.

이때 채무 불이행은 갑이나 을의 의사 표시가 작용한 것이 아니라, 매매 목적물의 소실에 따른 이행 불능으로 말미암은 것이다. 이러한 사건을 통해서도 법률 효과가 발생한다. 채무 불이행에 대한 책임은 갑으로 하여금 계약을 해제할 수 있는 권리를 갖게 한다. 갑이 계약 해제권을 행사하면 그때까지 유효했던 계약이 처음부터 효력이 없는 것으로 된다. 이때의 계약 해제는 일방의 의사 표시만으로 성립한다. 따라서 갑이 해제권을 행사하는 데에 을의 승낙은 요건이 되지 않는다. 이러한 법률 행위를 단독 행위라 한다.

16. 윗글의 내용과 일치하지 않는 것은?

① 실체법에는 청구권에 관한 규정이 있다.

② 절차법에 강제 집행 제도가 마련되어 있다.

③ 법률 행위가 없으면 법률 효과가 발생하지 않는다.

④ 법원을 통하여 물리력으로 채권을 실현할 수 있다.

⑤ 실현 불가능한 것을 내용으로 하는 계약은 무효이다.

자, 예를 들어 선지 ①과 ②는 어떤가? 지문에서 해당하는 정보를 찾을 수 있다. 그런데 ③은 어떤가? 지문 내용에 정면으로 배치되는 진술이 담겨 있다. 이런 예는 알다시피 너무나도 많아서 어떤 시험지를 펴더라도 금방 찾을 수 있다. 문제를 풀었다면 점수를 매기고서 성적 추이 그래프나 그리고 설렁설렁 넘어가려 하지 말고, 정답의 근거와 오답의 이유를 꼼꼼히 확인하는 습관을 길러야만 실전에서 지문에 근거하여 빨리 선지의 정오 판단을 할 수 있다.

02 출제의 원리와 방법을 분석해라

이번엔 문학에서 예를 들어 보겠다. 2018년 9월에 치러진 모의평가에서 「홍길동전」

을 가지고 낸 28번 문제를 보자.

(예제 2) 2018년 9월 〈2019학년도 모의평가〉

---

28. 〈보기〉를 참고하여 ㉠~㉣을 감상한 내용으로 적절하지 <u>않은</u> 것은? [3점]

보기

「홍길동전」은 19세기에 오면 특정 대목을 확대·변형한 이본이 여럿 등장한다. 윗글은 이러한 이본 중 하나로, 이전에는 길동이 용력을 과시하는 장면이 바위를 드는 것으로만 제시되었으나 윗글에서는 철관을 쓰고 돌문을 넘는 장면이 추가되었다. 또한, 활빈당의 우두머리가 되는 장면에서는 활빈당을 이끌던 수령을 새롭게 등장시켜 자신의 자리를 길동에게 넘겨주는 것으로 흥미를 높였다. 특히 이전에는 왕이 길동을 잡기 위한 계략으로 병조판서를 제수하였지만, 윗글에서는 길동이 왕에게 직접 요구하여 원하던 바를 얻는 것으로 변형하였다. 이는 자신의 능력에 따라 신분 상승이 가능하기를 바라던 당대 독자들의 욕망을 작품에 반영한 것이다. 단, 이 과정에서 군신 관계를 바탕으로 한 조선의 유교적 질서에 대한 부정으로까지는 나아가지 않았다. 한편, 특정 장면에서 서술을 중단한 것은 다음 권을 보게 하려는 소설업자들의 상업적 전략에서 나온 것이다.

① ㉠은 추가된 인물을 통해서 작품의 흥미를 높이려는 것이겠군.

② ㉡은 길동의 용력을 보여 주는 장면이 더해진 것이겠군.

③ ㉢은 군신 관계를 바탕으로 한 유교적 질서를 무너뜨리고자 한 시도이겠군.

④ ㉣은 주인공의 신분 상승을 바라는 독자의 욕망이 반영된 것이겠군.

학생 여러분은 〈보기〉가 그냥 구성되는 줄 알지만 그렇지 않다. 저렇게 선지들과 연결되는 고리 다섯 개를 품도록 치밀하게 구성된다. 선지 ①, ②, ④, ⑤는 어떤가? 〈보기〉의 연결 고리들과 자연스럽게 관련을 맺고 있다. 그런데 ③은 어떤가? 일부러 〈보기〉의 연결 고리와 상반되는 진술로 구성된 선지라는 것이 보인다. 그냥 정답만 찾아 헤매지 말고 '아, 이런 방식으로 출제하는구나'를 발견하고 깨닫는 공부를 해야 한다. 이런 공부법이야말로 출제자의 눈을 가지는 것이다.

03   점진적으로 독립해라

점진적으로 독립하라는 것은 일단 의존하라는 말을 전제로 한다. 어디에 의존하느냐고? 학교 선생님들의 말씀에, 그리고 EBS 선생님들의 시범에 의존하라는 것이다. 구체적인 예를 들어 보자.

2018년 3월 〈학력평가〉

39. 윗글의 서술상 특징으로 가장 적절한 것은?

① 서술자가 사건을 이야기 속에서 전달하다가 이야기 밖에서 전달하고 있다.

② 동시에 일어난 사건들을 나란히 배치하여 이야기의 흐름을 지연시키고 있다.

26. 윗글에 대한 설명으로 가장 적절한 것은?

② 서술자를 교체하여 새로운 사건을 도입하고 있다.

③ 동시에 진행되는 사건을 병치하여 사건을 지연시키고 있다.

2018년 6월 〈2019학년도 모의평가〉

43. 윗글의 서술상 특징으로 가장 적절한 것은?

② 동시에 벌어진 사건들을 삽화처럼 나열하여 이야기의 흐름을 지연시킨다.

④ 서술자가 다양한 인물로 바뀌면서 인물 간의 갈등을 다각적으로 조명한다.

한 해 동안에도 저렇게 거의 똑같은 문제가 반복해서 출제되었다. 현대 소설 세트의 첫 번째 문제는 서술상의 특징을 묻는 문제가 주로 출제된다. 심지어 저렇게 비슷한 선지들도 매번 등장한다. 물론 처음에는 저런 패턴을 발견하는 것 자체도 여러분 혼자 서는 쉽지 않을 것이다. 한 가지만 더 이야기하자면, 저 문제 유형은 '적절하지 않은 것'을 고르라는 형식으로는 출제되지 않는다. 반드시 '적절한 것'을 고르라는 형식 으로 나온다. 왜 그럴까? 시험에 출제되는 정도 분량의 소설 지문으로부터 누구도 이의를 제기하지 못할 적절한 진술 네 개를 만들어 낸다는 것이 거의 불가능에 가깝 기 때문이다. 제아무리 전문가들이 모여서 머리를 맞댄다고 해도 말이다. 따라서 아주 명백하게 적절한 진술인 정답 하나를 제외하면 네 개가 모두 어이없는 들러리 선지 들로 구성되게 마련이다. 선생님이 예로 제시한 것들이 바로 저렇게 툭하면 들러리 를 서는 선지들이다. 쟤들이 왜 들러리 선지일 가능성이 농후한지 이해하기 위해 일 단 전문가인 선생님의 설명을 듣는 것, 그게 바로 '일단 의존'해야 하는 이유이다.

EBSi에는 여러분이 일단 의존할 만한 깊이 있는 기출문제 분석 강의가 많다. 선생님의 시범과 설명을 보고 들으면서 자기도 그걸 흉내 내어 보자. 그 과정을 거치며 내공을 쌓아가길 바란다. 기출문제를 분석해낼 수 있는 내공이 쌓이면 그때 비로소 '독립'할 수 있다. 그런데 이때 명심할 게 있다. 시간을 재면서 그 안에 풀고야 말겠다는 다짐을 하는 게 중요한 것이 아니라, 기출지문과 문제로부터 더 많은 것을 캐내겠다는 목표를 세우는 것이 중요하다. 시간 배분이 걱정이라고? 그건 수능 몇 달 전부터 집중해서 연습하면 된다. 지문을 읽어내고 문제 유형별 해결 전략을 습득하는 내공을 기르는 게 먼저이다.

Q3 무엇을?

그렇다면 기출 공부의 대상과 범위는 어떻게 될까? 1학년은 매년 3, 6, 9, 11월에 전국연합학력평가가 있고, 3학년은 한 해 동안 그보다 조금 더 많은 7회의 시험을 치른다. 3학년의 경우를 표로 정리하면 다음과 같다.

3월	학평	교육청
4월	학평	교육청
6월	모평	평가원
7월	학평	교육청
9월	모평	평가원
10월	학평	교육청
11월	수능	평가원

알다시피 3, 4, 7, 10월은 교육청이 출제하는 전국연합학력평가이고, 6, 9월은 평가원이 11월 수능을 예고하고 준비하기 위해 실시하는 모의평가이다. 이렇게 한 해에

7회이니까 최근 3년 동안 치른 시험의 기출문제만 해도 '7회×3년=21회'이니 총 21회분이나 된다. 만약 최근 5년 동안으로 늘려 잡으면 '7회×5년=35회+α'가 될 것이다. 여기서 +α라고 한 건 몇 년 전 국어가 A, B형으로 나뉘어 있던 시절이 잠깐 있었기 때문이다. 이 정도만 해도 꼼꼼한 분석과 연습의 대상으로 삼을 만한 충분한 양이다.

그런데 여기서 한 가지 더 알아 두자. 저기 화살표로 표시해 두었듯, 6월 모의평가는 그 해 10월 학력평가의 지문 구성이나 문제 유형에 반영되게 마련이고, 11월 수능은 다음 해 3월과 4월 학력평가에 그 패턴이 직접 영향을 주니까, 학생들이 기출문제를 공부하고 분석하면서 이 점도 참고하면 더욱 도움이 될 것이다.

Q4   어디서?

어디서? 어디서든. 집에서도, 학교에서도, 도서관에서도, 독서실에서도…. 아, 중요한 곳 하나, EBSi에서도.

Q5   언제?

중요한 질문이다. 이런 말을 만들어 보자. '조조익선(早早益善)'이라, 이르면 이를수록 좋다는 말이다. 그런데 공부에는 단계가 있다. 우선 '개념'을 단단히 다져야 하고, 그 위에서 뭘 좀 알게 된 눈으로 '기출'을 자세히 분석해야 한다. 그다음 EBS 연계 교재와 강의를 중심으로 '실전' 단계의 공부를 해야 한다. 그러니 2단계까지인 '개념'과 '기출'은 되도록 빨리 마쳐야 여러분의 실력 향상에 도움이 된다. 언제까지 기출문제 분석만 반복하고 있을 수는 없다. 예컨대 수능이 코앞에 있는데, 계속 기출문제를 붙들고 있겠다는 건 안 된다. 그러니 아무리 늦어도 3학년 1학기까지는 기출 공부가 완전히 마무리되어야 한다. 최근 경향을 꿰뚫고 수능 출제자의 머리 꼭대기에 앉아 있다고 자신할 수 있어야 한다.

Q6 누가?

이 중요한 기출 공부, 누가 해야 할까? 누가 애써야 할까? 수능 국어 만점을 바라는 전국의 수험생들이다. 그리고 나를 비롯한 전국의 수많은 선생님, 교실에서 여러분을 만나는 학교 선생님, 모니터 너머로 여러분을 만나는 EBSi 선생님, '우리'가 함께 힘을 합쳐서 기적을 이루고 여러분이 꿈을 이루게 되는 그날까지 최선을 다해 노력할 것이다.

수학 Q

수학에서 기출을 공부하는 올바른 방법

이하영 EBSi 수학영역 강사(現) | 서초고등학교 교사(現)

> **"**
>
> 기출문제는 돌리는 것이 아니라 '분석'하는 것이다. 효과적으로 기출문제를 활용하는 가장 좋은 방법은 어떤 개념 또는 어떤 유형의 문제가 출제되는지를 파악하고, 다음 시험에서 적용할 수 있도록 학습하는 것이다. 따라서 가장 최근의 기출문제부터 하나하나 꼼꼼하게 분석하는 것을 권한다. 기출문제를 분석하기 전에 반드시 선행되어야 할 것은 기본 개념에 대한 공부이다. 처음부터 기출문제를 풀어 보려고 하지 말고, 교과서 또는 개념서로 개념을 한 번 정도 제대로 정리한 후 기출문제 분석에 들어가기를 추천한다.
>
> **"**

Q1   기출문제는 왜 중요할까?

그 전에 잠깐! 우리가 알고 있는 기출문제는 모의고사 문제인가? 기출문제는 학력

평가, 모의평가, 대학수학능력시험, 이렇게 세 가지이다. 학력평가의 정확한 명칭은

전국연합학력평가이다.

고1, 고2: 전국연합학력평가

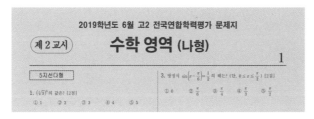

고3(3월, 4월, 7월 10월): 전국연합학력평가(출제 기관 : 시 · 도 교육청)

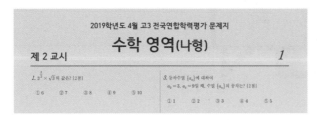

고3(6월, 9월): 모의평가(출제 기관 : 한국교육과정평가원)

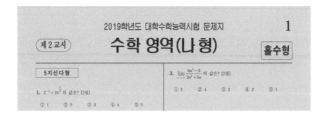

고3(11월): 대학수학능력시험(출제 기관 : 한국교육과정평가원)

정확한 날짜와 시험 범위가 궁금하면 'EBSi 〉 풀서비스'를 참조하길 바란다.

그럼 기출문제가 왜 중요한가 제대로 한 번 살펴보자.

고1, 2, 3 학생 모두 기출문제가 내신에 변형 출제된다. 또 수험생들이 주목해야 하는 이유는 수능에 나올 문제를 예측할 수 있기 때문이다.

2017학년도	2018학년도	2019학년도
수능 1번 문제	수능 1번 문제	수능 1번 문제
8×2^{-2}의 값은? [2점]	$2 \times 16^{\frac{1}{4}}$의 값은? [2점]	$2^{-1} \times 16^{\frac{1}{2}}$의 값은? [2점]
①1 ②2 ③4 ④8 ⑤16	①2 ②4 ③6 ④8 ⑤10	①1 ②2 ③3 ④4 ⑤5
수능 8번 문제	수능 5번 문제	수능 7번 문제
함수 $y = f(x)$의 그래프가 그림과 같다.	함수 $y = f(x)$의 그래프가 그림과 같다.	함수 $y = f(x)$의 그래프가 그림과 같다.
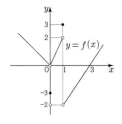	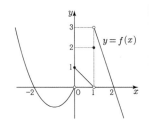	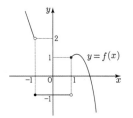
$\lim_{x \to 0-} f(x) + \lim_{x \to 1+} f(x)$ 의 값은? [3점]	$\lim_{x \to 0-} f(x) + \lim_{x \to 1+} f(x)$ 의 값은? [3점]	$\lim_{x \to 1-} f(x) + \lim_{x \to 1+} f(x)$ 의 값은? [3점]
①-1 ②-2 ③-3 ④-4 ⑤-5	①1 ②2 ③3 ④4 ⑤5	①-2 ②-1 ③0 ④1 ⑤2

Q2 기출문제는 어떻게 공부할까?

기출문제는 돌리는 것이 아니라 '분석'하는 것이다. 기출문제를 여러 번 풀어 보는 것도 물론 좋은 방법이지만, 효과적으로 기출문제를 활용하는 가장 좋은 방법은 어떤 개념 또는 유형의 문제가 출제되는지를 파악하고, 다음 시험에서 적용할 수 있도록 학습하는 것이다. 따라서 가장 최근의 기출문제부터 하나하나 꼼꼼하게 분석하기를 권한다.

수능은 한국교육과정평가원에서 출제하는 시험이다. 한국교육과정평가원은 수능 문제를 출제할 뿐만 아니라 교육 과정을 수립하는 곳이다. 따라서 교육 과정을 준수하여 수능 문제를 만든다. 그렇다고 학생들이 교육 과정을 분석할 수는 없으므로, 기출문제를 분석하면서 교육 과정에서 중요하게 생각하는 개념을 정리할 수 있다. 따라서 어떤 개념이 어떻게 출제되는지를 분석하기 위해서 기출문제를 분석하기 전 반드시 선행되어야 할 것은 기본 개념에 대한 공부이다. 처음부터 기출문제를 풀려고 하지 말고, 교과서 또는 개념서로 개념을 한 번 정도 제대로 정리한 후 기출문제 분석에 들어가기를 추천한다.

수능은 1년에 딱 한 번 치러진다. 한국교육과정평가원에서는 그 해 치러질 수능에 대한 예고편으로 같은 해 6월과 9월에 모의평가를 실시한다. 실제로 6월과 9월 모의평가에 출제되었던 유형이 같은 해 수능에 다시 출제되는 것을 쉽게 파악할 수 있다. 따라서 6월과 9월 모의 평가는 반드시 제대로 분석하고 자신이 부족한 부분을 점검할 수 있어야 한다. 특히, 6월과 9월에 새롭게 시도된 신유형이 있다면 꼭 기억해 두었다가 수능 당일에 점검할 수 있도록 하자.

2019학년도	2018학년도

2019학년도

수능 3번 문제

$$\lim_{n \to \infty} \frac{6n^2 - 3}{2n^2 + 5n}$$ 의 값은? [2점]

① 5 ② 4 ③ 3 ④ 2 ⑤ 1

9월 모의평가 3번 문제

$$\lim_{n \to \infty} \frac{3 \times 4^n + 2^n}{4^n + 3}$$ 의 값은? [2점]

① 1 ② 2 ③ 3 ④ 4 ⑤ 5

6월 모의평가 2번 문제

$$\lim_{n \to \infty} \frac{3n^2 + n + 1}{2n^2 + 1}$$ 의 값은? [2점]

① $\frac{1}{2}$ ② 1 ③ $\frac{3}{2}$ ④ 2 ⑤ $\frac{5}{2}$

2018학년도

수능 3번 문제

$$\lim_{n \to \infty} \frac{5^n - 3}{5^{n+1}}$$ 의 값은? [2점]

① $\frac{1}{5}$ ② $\frac{1}{4}$ ③ $\frac{1}{3}$ ④ $\frac{1}{2}$ ⑤ 1

9월 모의평가 4번 문제

$$\lim_{n \to \infty} \frac{4 \times 3^{n+1} + 1}{3^n}$$ 의 값은? [3점]

① 8 ② 9 ③ 10 ④ 11 ⑤ 12

6월 모의평가 3번 문제

$$\lim_{n \to \infty} \frac{8^{n+1} - 4^n}{8^n + 3}$$ 의 값은? [2점]

① 3 ② 8 ③ 10 ④ 12 ⑤ 14

같은 패턴의 문제가 반복되어 출제된다는 것을 쉽게 알 수 있다.

Q3 성공적인 수능을 위한 단계별 기출문제 학습법이 있을까?

01 첫 번째 단계: 기출문제 분석을 위한 개념 다지기

기출문제가 중요하다고 해서 기출문제부터 푸는 것은 효과적이지 못하다. 기출문제를 제대로 분석하기 위해서는 반드시 개념을 제대로 알고 있어야 한다.

2018년 11월 〈2019학년도 수능〉 14번 문제

14. 다항함수 $f(x)$가 모든 실수 x에 대하여

$$\int_1^x \left\{ \frac{d}{dt} f(t) \right\} dt = x^3 + ax^2 - 2$$

를 만족시킬 때, $f'(a)$의 값은? (단, a는 상수이다.) [4점]

① 1 ② 2 ③ 3 ④ 4 ⑤ 5

정적분과 미분에 대한 개념이 제대로 정리되어 있어야 위 문제에 대한 분석이 시작된다.

02 두 번째 단계: 개념을 이용한 기본 유형 잡기

개념을 알고 있다고 해서 기출문제에서 바로 그 개념이 보이는 것은 아니다. 따라서 기본 개념에 충실한 유형의 문제를 중심으로 한 번 정도는 유형별 학습을 하고 기출문제 분석으로 넘어가도록 하자.

26. 함수 $y = \sqrt{x+3}$ 의 그래프와 함수 $y = \sqrt{1-x} + k$의

그래프가 만나도록 하는 실수 k의 최댓값을 구하시오. [4점]

무리함수 그래프에 대한 유형 연습이 되어 있어야 위 문제를 제대로 분석할 수 있다.

03 세 번째 단계: 기출문제 집중적으로 분석하기

기출문제 분석에서 가장 중요한 것은 연도별로 분석하는 것이 아니라 단원별로 분석하는 것이다. 개념과 유형을 알고 있기 때문에 문제를 보면서 단원별로 정리한 후 단원별, 유형별로 어떤 문제가 출제되는지 정리하도록 하자. 기출문제를 분석하다 보면 평가원에서 중요하게 생각하고 자주 출제하는 문제가 보이기 시작한다. 또한, 같은 개념에 대하여 어떤 식으로 발문을 하는지, 어떤 개념을 함께 엮어서 물어보는 지도 제대로 분석할 수 있도록 하자.

27. 수직선 위를 움직이는 점 P 의 시각 $t\,(t \geq 0)$에서의 위치 x가

$$x = -\frac{1}{3}t^3 + 3t^2 + k \quad (k는\ 상수)$$

이다. 점 P 의 가속도가 0일 때 점 P 의 위치는 40이다.
k의 값을 구하시오. [4점]

28. 시각 $t = 0$일 때 동시에 원점을 출발하여 수직선 위를 움직이는 두 점 P, Q의 시각 $t\,(t \geq 0)$에서의 속도가 각각

$$v_1(t) = 3t^2 + t,\ v_2(t) = 2t^2 + 3t$$

이다. 출발한 후 두 점 P, Q의 속도가 같아지는 순간 두 점 P, Q 사이의 거리를 a라 할 때, $9a$의 값을 구하시오. [4점]

16. 수직선 위를 움직이는 점 P의 시각 $t\,(t \geq 0)$에서의 위치 x가

$$x = t^3 + at^2 + bt\ \ (a,\ b 는\ 상수)$$

이다. 시각 $t = 1$에서 점 P가 운동 방향을 바꾸고, 시각 $t = 2$에서 점 P의 가속도는 0이다. $a + b$의 값은? [4점]

① 3 　　② 4 　　③ 5 　　④ 6 　　⑤ 7

위 문제들을 보면 위치, 속도, 가속도에 대한 문제들이 계속 출제되고 있다는 것을 알 수 있다.

영어 Q

시기별 영어 기출 공부법

주혜연   EBSi 영어영역 강사(現) | 이화여자대학교 영어교육과 졸업
San Diego State University TEFL Course 수료

"

때로는 길을 몰라 막막하고, 때로는 제자리걸음만 하는 성적 때문에 답답할
텐데도 포기하지 않고 공부 방법을 고민해 본다는 것만으로 여러분은 이미
영어에서 역전할 준비가 되어있다. 영어 공부법에 대해 함께 이야기하는 이
시간이 여러분의 영어 인생에 전환점이 되길 바란다.

"

Q1   실전 연습의 시기

우선 '수능의 시계'를 거꾸로 돌려서 시험 날짜를 기준으로 역순으로 한 번 계획표를 작성해 보자. 역순으로 꼭 해야 할 공부들을 정리해 보면 언제까지 무엇을 해야 할지가 더욱 잘 보일 수 있다. 그럼 시험이 바로 앞으로 다가온 9월 평가원의 모의평가 이후 시기부터 살펴보자.

September

S	M	T	W	T	F	S
	1	2	3	4	5	6	7
8	9	10	11	12	13	14
15	16	17	18	19	20	21
22	23	24	25	26	27	28
29	30					

October

S	M	T	W	T	F	S
		1	2	3	4	5
6	7	8	9	10	11	12
13	14	15	16	17	18	19
20	21	22	23	24	25	26
27	28	29	30	31		

November

S	M	T	W	T	F	S
					1	2
3	4	5	6	7	8	9
10	11	12	13	14	15	16
17	18	19	20	21	22	23
24	25	26	27	28	29	30

이 시기는 실전 연습의 시기이다. 실전 연습이란, 수능 시험장과 최대한 유사한 환경에서 70분의 제한 시간 안에 '듣기'부터 '장문 독해'까지 실전 모의고사 한 회분 전체를 풀어 보는 연습이다. 바로 이 구간에서 폭발적인 성적 향상과 문제 푸는 시간의 급격한 단축이 이루어진다.

Q1-1 지금부터 계속 실전 연습만 하면 바로 성적 향상과 시간 단축을 다 이룰 수 있나요?

그건 마치 가을에 곡식을 거둘 수 있으니 1년 내내 가을만 있으면 된다고 말하는 것과 같은 논리이다. 이전 단계의 공부가 충실히 이루어져 있을 때 비로소 실전 연습을 통해서 폭발적인 성적의 향상이 나타날 수 있다. 소위 '수능에서 대박 났다'라고 하는 사례들도 사실 여기에 속하는 경우이다.

실전 연습용으로 기출문제 활용하기
한국교육과정평가원의 출제 원리를 이해한다

한 문장씩 해석해 보고 그 해석을 해설과 맞춰 보고, 중요한 구문과 단어를 암기하는 것으로 기출문제 공부를 했다고 착각하는 수험생들이 많다. 하지만 기출문제에서 가장 중요한 것은 '이런 논리 전개를 가진 지문을 선정해서 이 부분을 출제했구나' 하는 '출제의 원리'를 이해하는 것이다.

예시: A – A′ – A″ 형태로 핵심어가 반복되고 있는 지문에서 A″ 부분을 빈칸으로 제시했으니, A와 A′를 근거로 빈칸에 들어갈 내용을 추론하도록 출제한다.

어머나! 수능 당일 저는 포텐이 터져 버렸습니다. (…) 신기하게도 시험 보는데 옆에 선생님이 같이 앉아 계시더라고요. 이거 진짜예요! 정말 같이 앉아 이야기하면서 선생님과 함께 푼 것 같았어요, 하하하.

실전 연습을 위해서 시중의 실전 모의고사 문제집을 활용하는 것도 좋고, 혹시 아직 풀지 않은 기출문제가 있다면 당연히 기출문제부터 풀어야 한다.

Q1-2   제 친구는 기출문제를 세 번 정도 반복해서 풀었다는데, 기출문제는 몇 번 정도 반복해서 봐야 하나요?

탐구 과목의 경우 중요한 개념이 정해져 있고, 그 개념을 형태만 달리해서 반복 출제하기 때문에 기출문제를 반복해서 여러 번 보는 것이 의미가 있다. 하지만 영어의 경우에는 한 번 출제된 지문은 다시 출제되지 않는다. 그러니 '기출문제를 반복해서 여러 번 보겠다'라고 생각하는 대신 '한 번 볼 때 제대로 보겠다'라고 생각해야 한다.

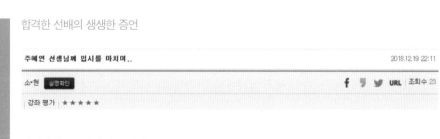

선생님과 공부하면서 논리적으로 사고하는 방법을 연습했습니다. (…) 문제를 풀 때 생각하는 방식을 알게 되니 글의 순서를 찾는 문제도 쉽게 느껴지기 시작했습니다.

Q1-3 '출제의 원리'를 읽어낼 내공이 저에게는 없는 것 같아요
어떻게 해야 하나요?

당연히 그럴 수 있다. 그래서 준비가 안 된 상태에서는 조급하게 기출문제 풀이를

시작하면 안 된다.

Q2 약점 공략의 시기

Q2-1 항상 틀리는 문제 유형을 집중적으로
연습하는 시기와 그 방법을 알려 주세요
저는 빈칸 추론 문제를 매번 틀리는데,
이 유형만 집중적으로 풀면 되나요?

우선 빈칸 추론 문제만 틀리는지 자신에게 물어보자. 만약 그렇다면 약점 유형을 집

중적으로 연습할 때가 되었다고 할 수 있다. 한두 가지로 틀리는 유형이 고정되었다

면 '약점 집중 공략'에 들어가고, 아직 틀리는 문제의 수가 상당히 많고, 그 유형도

제각각이라면 약점 공략은 조금 더 미루어 두어야 한다.

약점 공략용으로 기출문제 활용하기

동일한 유형만 모아서 집중적으로 푼다

한국교육과정평가원에서 출제하는 6월과 9월 모의평가뿐만 아니라, 각 시·도 교육청에서 출제하는 3, 4, 7, 10, 11월의 학력평가까지 모두 포함해서 자신이 특별히 약한 유형만 모아서 풀어 보자. 단, 기계적인 문제 풀이만으로는 정답률의 큰 향상을 기대하기 힘들다. 반드시 오답에 대한 정확한 원인 분석이 이루어져야 한다.

예시: 글의 순서를 찾는 유형을 자주 틀리는 경우에는 '주제를 제시하고, 그에 대한 반론을 소개한 다음, 다시 재반론하는 형태의 구조에 내가 약하구나'와 같은 매우 구체적인 원인 분석이 이루어져야 비로소 동일 유형의 집중적인 문제 풀이가 효과를 발휘할 수 있다.

합격한 선배의 생생한 증언

주혜연 선생님 쨍쨍 사랑합니다♥♥♥♥♥♥♥♥♥♥♥♥♥♥♥♥♥♥♥   2018.11.19 00:24

박•원   설명확인   f 🗭 🐦 URL 조회수 134

강좌 평가 ★ ★ ★ ★ ★

글의 흐름과 구조가 눈에 탁탁탁 보이는 느낌은 처음이었어요. 정말 말로 다 표현은 못하지만 한 문제 한 문제 선생님과 함께해 나갈 때마다 지문의 내용이 머리를 관통하는 느낌이 들었습니다. (…)

Q3 연계 교재 집중 공략의 시기

April						
S	M	T	W	T	F	S
		1	2	3	4	5	6
7	8	9	10	11	12	13
14	15	16	17	18	19	20
21	22	23	24	25	26	27
28	29	30				

May						
S	M	T	W	T	F	S
			1	2	3	4
5	6	7	8	9	10	11
12	13	14	15	16	17	18
19	20	21	22	23	24	25
26	27	28	29	30	31	

June						
S	M	T	W	T	F	S
						1
2	3	4	5	6	7	8
9	10	11	12	13	14	15
16	17	18	19	20	21	22
23	24	25	26	27	28	29
30						

Q3-1 EBS 교재와의 연계 출제에 대비하기 위해서 어떻게 공부해야 하나요?

간혹 사교육 시장에서 연계 교재의 한글 해설 부분을 암기하는 게 무슨 비법인양 말하는 경우가 있다. 암기는 절대 아니다. 그건 원인과 결과를 거꾸로 생각한 것에 불과하다. 지문의 내용을 암기하는 것이 아니라, 지문을 충실히 공부하고 내용을 완전히 소화하다 보면 저절로 기억에 남는 것이다.

연계 교재로 유형별 독해 연습하기

바른 방법으로 EBS 연계 교재를 공부한다면 실제로 그 지문이 수능에 출제되었을 때 빠르고 정확하게 문제를 해결할 수 있을 뿐만 아니라, 낯선 지문까지도 명쾌하게 풀 수 있는 진짜 독해 실력을 갖추게 될 것이다.

1 제한된 시간 안에 실전처럼 문제 풀기
● 문제당 90초 정도의 시간을 설정하고 쉬운 문제는 조금 더 빠르게, 어려운 문제는 조금 더 여유 시간을 가지고 풀어 보자.

2 다시 한 번 지문 정독하기

- 필요하다면 사전은 참고해도 좋지만, 정답을 확인하거나 해설을 참고하지는 않는다.

- 지문 옆 여백에 간략히 지문의 내용을 도식화하며 읽어 보자. 특히, 고난도 지문의 경우 글의 논리를 이해하는 데 큰 도움이 될 것이다.

- 정답의 단서가 되는 문장에는 밑줄을 긋고, 이해하기 어려운 문장에는 물음표로 표시해 두자.

- 정답 수정이 필요하다고 느낀다면, 세모로 표시를 해 둔 다음 정답을 고쳐 보자.

3 해설 강의나 해설집으로 확인하기

- 정답을 잘 찾은 경우라면, 내가 놓친 정답의 근거는 없었는지, 조금 더 빠르게 정답을 도출할 수는 없었는지 확인해 보자.

- 만약 정답을 찾지 못했다면, 어떤 부분을 잘못 생각해서 오답을 선택했는지 정확히 분석해 보자.

- 고난도 지문의 경우 해설 강의를 통해 지문의 논리적 구조까지 확인해 보자.

4 단어 정리하기

- 2번의 정독하는 과정에서 물음표로 표시를 해 둔 문장들을 다시 확인해 보자.

- 새로이 알게 된 단어들을 단어장에 정리해 두자.

합격한 선배의 생생한 증언

수능 특강 영어, 영어 독해 연습, 수능 완성 교재를 선생님과 함께 공부하면서 지문을 읽으며 사고하는 힘을 기를 수 있었습니다. (…) 수능 시험장에서 순록 지문, 사진술 지문 등을 보면서 선생님이 생각났습니다. 진짜 너무 반가워서 웃으면서 풀었네요.

Q3-2 추상적이거나 철학적인 지문은 해석을 해도 이해가 안 돼요 또 어떤 때는 지문을 다 읽어도 내용이 기억나지 않아서 다시 처음부터 읽는데, 어떻게 해야 하나요?

모두 기계적으로 번역만 하고 내용을 소화하지 못했기 때문에 생기는 현상이다. 어려운 문장일수록 내가 평소에 쓰는 말로 정보를 단순화시켜서 정리하고, 앞의 내용과 유기적으로 연결해서 이해하려는 노력이 필요하다.

예시: '동인도 제도에 서식지를 가지고 있는 식용 작물, 일명 벼라고 불리는 이 작물은 인간의 부단한 움직임의 결과로 만들어진 작품이다'라고 번역만 하고 다음 문장으로 넘어가지 말고, '인간이 힘들게 노력해서 벼를 재배한다'라고 정보를 완전히 소화해야 한다.

선생님을 만나게 된 건 정말 제 인생에서도, 공부에서도 큰 행운이었습니다. (…) 신기하게도 반복할수록 영어를 보는 눈이 달라지더라고요. 어디에서 끊어야 하고, 어디에 동사가 숨어 있는지, 그 동사가 어떤 형태로 바뀌는지를 서서히 알게 되었습니다.

Q4   문장 해석 연습의 시기

January	February	March
S M T W T F S	S M T W T F S	S M T W T F S
1 2 3 4 5	1 2	1 2
6 7 8 9 10 11 12	3 4 5 6 7 8 9	3 4 5 6 7 8 9
13 14 15 16 17 18 19	10 11 12 13 14 15 16	10 11 12 13 14 15 16
20 21 22 23 24 25 26	17 18 19 20 21 22 23	17 18 19 20 21 22 23
27 28 29 30 31	24 25 26 27 28	24 25 26 27 28 29 30
		31

Q4-1   문장 해석이 정확하지 않거나
문장이 길어지면 해석이 뒤죽박죽되어 버리고
제 상상력까지 더해져요.
어떻게 해야 하나요?

이런 이유로 반드시 문장 해석 연습이 선행되어야 한다. 우리가 노래 부를 때를 생각해 보자. 무대 위에서 노래를 부를 때는 오로지 곡의 흐름에만 집중하는 게 맞다. 그런데 부정확한 음이 너무 많다면 그것만큼 듣기 괴로운 노래도 없을 것이다. 독해도 마찬가지이다. 지문을 읽을 때는 오로지 글의 논리적 흐름에만 집중하는 게 맞다. 버릴 정보는 버리고 취할 정보는 취하며 빠르게 읽어 나가는 게 중요하다. 그런데 그렇게 읽기 위해서는 기본적인 문장 해석의 정확성이 뒷받침되어야 한다.

문장 해석 연습으로 기본기 완성하기

어떤 공부든 기초 체력이 뒷받침되어야 다음 단계로 도약할 수 있다. 영어의 기본기부터 제대로 쌓아가려는 자세가 필요하다.

1   단어는 영어 공부의 시작이자 끝이다

단어는 반드시 매일 공부해야 한다. 한 문장에 모르는 단어가 서너 개 된다면 문맥을 통한 추론조차도 불가능하기 때문이다. 아무리 열심히 단어를 외워도 다음 날이면 기억이 안 난다고 좌절할 필요 없다. 단어를 익히기 위해서는 한 단어를 오래 붙잡고 있는 것보다 자주 마주치는 것이 훨씬 효과적이니 매일의 공부 분량을 완수하는 것에 초점을 맞추면 된다.

2   문장 구성의 기본 원리를 이해해라

완료시제의 용법, to 부정사의 용법, 이런 자잘한 문법 사항들을 고통스럽게 암기하라는 의미가 아니다. 기본 뼈대를 익히고 영어에서 문장이 구성되는 기본 원리를 이해하라는 것이다.

3   다양한 문장으로 문장 해석을 연습해라

적용 연습의 단계가 가장 중요하다. 언어는 자전거 타기와 같아서 원리를 '알고' 있는 것이 중요한 게 아니라, 그 원리를 몸에 '익히는' 것이 중요하다. '해석공식 기출구문'과 같은 구문 독해 교재의 활용을 권한다. 각 문장의 구성 원리를 소개하고 난이도별로 제시된 기출예문을 통해 충분히 연습할 수 있다.

선생님이 가장 강조하시는 '기계적으로 지문을 읽지 말고 시간이 걸리더라도 이해하면서 글을 읽는 법'을 체화하다 보니 불가능할 것 같았던 1등급도 받고, 만점도 받고, 나도 할 수 있다는 자신감도 얻었어요.

'나만 믿고 따라와!'라는 누군가의 호언장담에 자신의 미래를 맡기지 말기를 바란다. 시험장에서 치열하고 외롭게 싸워야 하는 주인공은 바로 여러분이다. 대신 바른 공부법으로 한 걸음 한 걸음 걸어가기를 바란다. 그 길의 끝에는 반드시 여러분의 꿈이 맞닿아 있을 것이라고 선생님은 확신한다.

한국사 Q

한국사 기출로 만점 잡기

정선아　EBSi 사회탐구영역 강사(現) | 경기고등학교 교사(現) | 서울대학교 역사교육과 졸업

"

수능 한국사는 선사시대부터 현대사까지 전 범위에서 정치, 사회, 경제, 문화사가 골고루 나온다. 수능 연계 교재인 수능 특강으로 설명하자면, 한 강에서 한 문제 정도 출제된다고 보면 된다. 한국사는 정말 나온 것이 또 나온다. 나왔다고 절대 배제해서는 안 된다. 그 주제가 중요하다면 반드시 또 묻는다. 절대평가이므로 꼭 물어볼 것을 묻는다. 수능을 주관하는 한국교육과정평가원이 밝히는 한국사 출제의 목표와 지향점은 '한국인으로 꼭 알아야 할 핵심 내용을 평이하게 묻겠다'이다. 최근 수능부터 모의평가, 학력평가 그리고 수능 특강 한 권이면 한국사 준비는 충분하다.

"

Q1 여러분은 수능의 한국사, 어떻게 준비하고 있나요?

"나는 한국사를⋯   하고 있다. 새 학기 전에 한 번 정리하고 끝내 버리겠다."

　　　　　　　　안 하고 있다. 다른 과목이 난리다. 후일을 도모한다."

　　　　　　　　하긴 해야겠는데, 엄두가 안 난다. 양이 너무 많다."

기출문제가 중요하지 않은 과목은 없지만, 한국사는 기출문제에 다르게 접근하는 방법이 필요하다. 수능 한국사에 대한 오해부터 풀어야 한국사 기출문제 정복법을 알 수 있다. 먼저 학생들이 수능 한국사에 대해 가지고 있는 오해부터 한 번 점검해 보자. 실제로 많은 수험생들이 정말 이렇게 생각을 하고 한국사를 대하고 있다.

01 너무 쉽다?

학생들이 한국사를 9월까지도 전혀 준비하지 않는 경우가 종종 있다. 불안감은 크고 해야 한다는 건 알지만, 절대평가이고 쉬우며 벼락치기가 유일하게 가능한 과목이라고 생각하고 있는 경우가 많다. 특히, 상위권 학생들일수록 '한국사는 추석 때 몰아서 공부하고 지금은 급한 불을 끄겠다'라고 생각하지만, 결코 추석 전까지 우리의 국, 영, 수, 탐구영역이 완성되는 일은 없으므로 사실 안 하고 있다가 낭패를 보는 경우가 많다. 아래 결과를 보면 바로 알 수 있다.

2019학년도 대학수학능력시험 결과 : 1등급 36%
2018학년도 대학수학능력시험 결과 : 1등급 12.84%

2019학년도는 한국사가 수능에서 무척 쉽게 출제되어, 상대평가에서 4%만이 1등급을 받는 다른 과목에 비해 한국사 1등급이 36%나 나오는 전무후무한 상황이 벌어졌다. 그러다 보니 '수능 한국사는 이렇게 쉽구나. 기출문제에 나오는 핵심 개념 정도만 9월 모의평가 전에 혹은 추석 때 정리하면 되겠다'라고 생각하겠지만, 2018학년도 수능 한국사의 경우 1등급이 12.84%였고, 1~3등급을 다 합쳐서 36%였다. 수시에서 인문 계열 논술 최저 학력 기준이 그해 대부분 3등급이었던 걸 생각하면, 일부 학생들 가운데는 다른 과목은 최저 학력 기준을 다 맞춰 놓고 한국사가 발목을 잡은 경우도 있었다. 그렇다면 한국사, 적어도 한 번은 제대로 해야 하지 않을까?

02 적당히 대충 공부해도 된다?

두 번째로 학생들이 갖는 오해는 한 번은 제대로 공부해야 한다는 것이다. 즉, 한국사의 필수 개념 정도만이라도 제대로 한 번 숙지하고 있으면, 문제 자체는 어렵게 구성되지 않으므로 충분히 기출문제를 통해서 문제 적응력을 키우고 해결할 수는 있다. 다만 같은 주제, 예를 들어 똑같이 조선의 4대 임금 세종에 대해 출제를 하더라도 정답을 훈민정음으로 하느냐 혹은 4군 6진 개척 혹은 칠정산 등으로 하느냐에 따라서 정답률은 확실히 달라질 수 있다. 선지의 격이 있어 같은 개념이어도 선지 구성에 따라 확 어려워질 수 있으므로 세종을 한 번 정리할 때 훈민정음, 의정부 서 사제, 4군 6진 개척, 과학 기술 관련 업적, 칠정산, 전분6등법, 연분9등법까지 싹 다 정리해 두고 이해를 해야 수능에서 어떻게 출제되는지와 관계없이 문제를 맞힐 수 있다.

03 나오는 것만 나온다?

이 전제는 일부는 맞고 일부는 틀릴 수 있으니 주목하길 바란다. 우선 '아니다'를 설명하자면, 나오는 것만 나오지 않는다. 수능 한국사는 선사 시대부터 현대사까지 전 범위에서 정치, 사회, 경제, 문화사가 골고루 나온다. 수능 연계 교재인 수능 특강으로 설명하자면, 한 강에서 한 문제 정도 출제된다고 보면 된다. 이어서 '그렇다'를 설명하자면, 한국사는 정말 나온 것이 또 나온다. 기출문제가 무수히 반복되어 출제된다. 이미 출제된 문제라도 절대 배제해서는 안 된다. 그 주제가 중요하다면 반드시 또 묻는다. 절대평가이므로 꼭 물어볼 것을 묻는다. 수능을 주관하는 한국교육과정평가원이 밝히는 한국사 출제의 목표와 지향점은 '한국인으로 꼭 알아야 할 핵심 내용을 평이하게 묻겠다'이다. 그래서 한국사는 기출문제가 정말 중요하다. 그리고 다른 영역처럼 기출문제가 많은 것도 아니다. 최근 수능부터 모의평가, 학력평가 그리고 수능 특강 한 권이면 한국사 준비는 충분하다.

Q2　기출문제 활용 학습법을 파악해 보자

한국사는 다른 과목과 다르다
기출문제가 계속 반복해서 출제된다

왜?　　　중요한 것을 내기 때문에.

확실해?　한국교육과정평가원에서 그렇게 한다잖아.

　　　　　절대평가이므로 꼭 물어볼 것을 묻는다.

진짜?　　2019년 일곱 번의 시험에서 이미 증명되었다.

수능 한국사 진리 1 : 할 때 확실히 해야 한다.

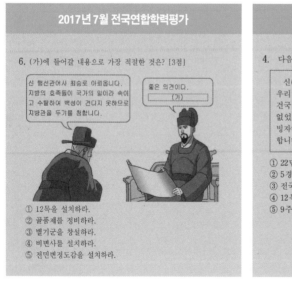

같은 개념: 고려 시대 성종 대 12목에 지방관을 파견한 내용을 묻고 있는 문제라도

2017년 문제의 정답률이 높았다. 왼쪽 문제는 선지에서 지방관 파견과 관련된 선지

가 ①뿐이었다면, 오른쪽 문제에서는 시대별로 지방 행정 구역 및 지방관과 관련된 선지로 거의 구성하여 학생들이 왕조를 구분해야 답을 찾을 수 있었다. 즉, 선지에 따라 다양한 난이도가 가능하다.

수능 한국사 진리 2: 항상 나오는 주제는 반드시 나온다.

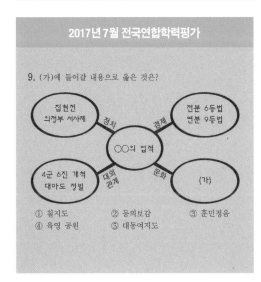

빈출 주제는 꼭 챙겨라. 단원별 빈출 주제가 있다. 반드시 챙기자!

선사 시대 1문항, 삼국 시대 및 통일신라, 발해 1문항, 고려 3문항, 조선 4문항, 개항기 3~4문항, 일제강점기 3~4문항, 현대사 3문항

★ 전근대사 : 왕부터 정리하기(조선 6왕 / 고려 4왕 / 삼국 5왕)

★ 현대사 : 민주화 운동, 통일 정책, 광복 이후 3년사, 6·25 전쟁

수능 한국사 진리 3 : 주제는 쉽지만, 사실(fact)을 모르면 죽어도 모른다.

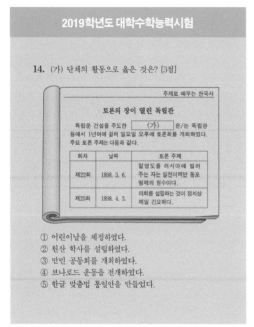

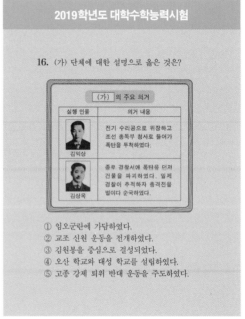

문제가 쉬워도 왼쪽 문제의 독립협회, 오른쪽 문제의 의열단이라는 개념을 모르면 죽어도 못 푼다. 핵심 개념을 한 번은 제대로 해야 하는 이유이다.

Q3 한국사 학습 단계

이제 어떻게 공부할 것인지 계획을 세워 보자. 만약 여러분이 고3이고 학교에서 정규 수업이나 방과후 학교 수업으로 한국사를 한 번은 돌려 볼 수 있는 커리큘럼이 제공된다면 그것만 들어라. 그걸로 충분하다. 그런데 대개의 고등학교는 고1 때 한국사를 하지 않는다. 그런 경우라면 혼자서 한국사를 복습해야 하는 어려움이 생긴다. 그들을 위해 EBSi 커리큘럼을 소개한다.

EBSi 커리큘럼

학교 : 고3 정규 수업, 고3 방과후 학교 수업(겨울 방학, 학기 중)

혼자서 : 인터넷 강의 EBSi

> 겨울 방학
> 수능 개념 한국사
▶
> EBS 수능 연계 교재
> 수능 특강 한국사(1월말 출시)

1. NO. 한국사는 다르다. 한 번만 제대로!

한국사 수능 완성은 연계 교재가 아니죠?

2. '수능 특강 or 수능 개념' 중 무엇을 들어야 할까요?

내 수준과 상황을 냉철하게 분석한 후 결정해라.

3. 기출문제는 언제 공부하는 것이 좋을까요?

한국사는 한 번만 개념을 완벽하게 정리하면 바로 기출문제로 가도 된다.

사회 Q

천만다행, 사회문화 기출

박봄   EBSi 사회탐구영역 강사(現) | 구리고등학교 교사(現)

"

"기출, 언제부터 공부해야 하나요?"
"개념별? 연도별? 어떤 방법으로 봐야 하나요?"
"몇 번? 얼마나 많이 봐야 하나요?"

학생들이 많이 하는 질문들이다. 기출문제 활용법에 대해 궁금증을 갖는 것은 어찌 보면 너무나 당연한 일이다. 적을 알고 나를 알면 백전백승(百戰百勝)이라고 했다. 수능을 철저히 준비하기 위해서는 기출문제를 반복해서 보는 게 중요하다는 사실을 알았으니, 이제 기출문제를 제대로 활용하고 분석하는 방법을 살펴보자.

"

Q1 기출문제 분석, 어떻게 해야 하나요?

대부분의 수험생들에게 수능 준비는 처음이거나 처음이 아니어도 늘 처음처럼 어렵다. 정형화된 수능 준비 프로세스가 없기에 공부 방법을 묻는 경우가 많다. 이 모든 질문들에 정확한 답을 구하기 위해 수능을 출제하는 평가원에서 매년 발표하는 '출제 방향 보도지침'부터 살펴보자.

〈2019학년도 대학수학능력시험〉 출제 방향 보도지침

II 출제의 기본 방향

첫째, 학교 교육을 통해 학습된 능력 측정을 위해 고등학교 교육 과정의 내용과 수준에 맞추어 출제하였다. 특히 핵심적이고 기본적인 내용 중심으로 출제함으로써 고등학교 교육의 정상화에 도움이 되도록 하였다.

대부분의 학생들은 1등급과 만점을 목표로 사회탐구영역을 공부한다. 기본 개념과 핵심 개념을 익히고 수능형 문제에 개념 적용 연습을 꾸준히 하더라도 1등급과 만점은 쉽지 않다. 고난도 문제 유형을 반복해서 보거나 어떤 교재의 참고자료에 나옴 직한 내용을 따로 정리하여 혹시 모를 고난도 문제에 대비하기도 한다. 한 문제라도 놓치면 만점을 받을 수 없다는 강박관념에 사로잡혀 점점 더 지엽적인 개념에 몰두하게 될지도 모른다. 다른 학생들보다 하나라도 더 알아야만 1등급이 가능하다고 생각하면서 말이다.

평가원의 '출제 방향 보도지침'에 따르면 '고등학교 교육 과정의 내용과 수준에 맞추어 출제하였다'라고 되어 있다. 이는 '교과서 범위'를 의미한다. 좀 더 풀어서 이야기하면, 시중에 나와 있는 교과서(검인정 교과서)에 공통적으로 기술되어 있는 내용을 출제한다는 것이다. 한두 종의 교과서 읽기자료, 참고자료에 나와 있는 내용은 출제되지 않는다고 보면 된다.

수능 사회탐구 20문제. 교과서에 공통적으로 기술되어 있는 내용 가운데 출제 포인트가 되는 개념이 무엇인지 파악해야 한다. 이를 위해서 단원별 출제 빈도표 그려보기를 추천한다. 사회문화 'I 단원 - 1. 사회문화현상의 이해'의 출제 빈도표를 살펴보면 다음과 같다.

구분	2019학년도			2018학년도			2017학년도		
	수능	9	6	수능	9	6	수능	9	6
자연현상과 사회·문화현상의 특징	1번	1번	1번	1번	1번	1번	1번	1번	1번
사회·문화현상을 보는 관점	4번	2번	3번	7번	2번	11번			2번

이 단원에는 두 개의 출제 포인트가 있고, 자연현상과 사회·문화현상의 특징을 비교하는 문제가 매년 출제된다는 사실을 알 수 있다. 단원별 출제 빈도표는 평가원이 주관하는 6월과 9월 모의평가와 수능, 세 번의 시험을 기준으로 만들 것을 추천한다. 약 3년 정도 누적하여 살펴보면 Ⅰ~Ⅵ 단원별로 어떤 개념이 출제되었는지, 출제 빈도는 어떻게 되는지 파악할 수 있다. 수능 사회탐구는 20문제밖에 출제되지 않기 때문에 교육 과정의 범위 내에서 핵심적으로 출제되는 개념과 평가 요소가 무엇인지 반드시 찾아보아야 한다.

평가원의 '출제 방향 보도지침'을 계속 살펴보자.

〈2019학년도 대학수학능력시험〉 출제 방향 보도지침

Ⅱ 출제의 기본 방향

또한, 타당도 높은 문항 출제를 위하여 이미 출제되었던 내용이라도 교육 과정에서 다루는 핵심적이고 기본적인 내용은 문항의 형태, 발상, 접근 방식 등을 다소 수정하여 출제할 수 있도록 하였다.

평가원은 이미 출제된 내용이라도 다소 수정하여 출제한다고 하여 '기출문제를 보라'고 분명히 언급하고 있다.

다음은 〈2019학년도 수능〉 사회문화 문제의 일부이다.

(예제 1) 2018년 11월 〈2019학년도 수능〉

5. 다음 연구에 대한 옳은 설명을 〈보기〉에서 고른 것은? [3점]

○ 연구 주제: 중·고등학생의 게임 몰입이 주변 사람과의 대화에 미치는 영향
○ 연구 가설
  〈가설 1〉 게임을 적게 할수록 부모와 대화는 많을 것이다.
  〈가설 2〉 _____(가)_____
○ 자료 수집
  - 조사 방법: 중·고등학생 1,000명을 무작위 선정하여 설문 조사
  - 조사 내용: ㉠게임 시간 정도, ㉡부모와 대화 정도, 친구와 대화 정도
○ 자료 분석 결과
  - 자료 분석 결과는 아래 표와 같고, 부모와 대화 정도 및 친구와 대화 정도는 게임 시간 정도에 따라 통계적으로 유의미한 차이가 있는 것으로 나타났다.

(단위: 명)

대화 정도	게임 시간 정도	많음	중간	적음
부모와 대화 많음	친구와 대화 많음	78	100	120
	친구와 대화 적음	52	70	80
부모와 대화 적음	친구와 대화 많음	172	100	A
	친구와 대화 적음	48	B	C

* 무응답이나 복수 응답 없음.
** $A + B = C = 3A$

시간이 상당히 걸리는 어려운 문제였다. 게다가 이전에는 나오지 않았던 신유형이다.

그러나 이 문제는 〈2019학년도 모의평가〉에 나왔던 문제와 매우 유사하다.

10. 다음 연구에 대해 옳은 설명만을 〈보기〉에서 있는 대로 고른 것은? [3점]

보기

갑은 청소년 비행에 부모와의 친밀도 및 ⊙ 비행 친구와의 교제가 미치는 영향에 대하여 연구하고자 선행 연구 자료를 분석하였다. 그리고 ⓒ '부모와의 친밀도가 높을수록 비행을 덜 저지를 것이다.', ⓒ '비행 친구와 교제할수록 비행을 더 저지를 것이다.'라는 잠정적 결론을 도출하였다. 이어 청소년 1,000명을 대상으로 부모와의 1주일 평균 대화 시간, ⓔ 주당 1시간 이상 접촉하는 친구 중에 비행을 저지른 친구가 있는지의 여부, 그리고 지난 1년간 비행 경험 유무에 대하여 설문 조사를 실시하였다. 수집된 자료 분석 결과는 아래와 같으며, 이 결과는 통계적 검증 과정을 거쳤다.

(단위 : 명)

ⓜ 부모와의 대화 시간	ⓗ 비행 친구 유무	비행 경험 여부		계
		없음	있음	
적음	있음	140	60	200
	없음	180	120	300
많음	있음	240	60	300
	없음	140	60	200

위 문제도 2018년 6월에 최초로 나왔을 때 시간이 오래 걸렸고 어려웠다. 대개 '6월에 나왔으면 수능에 안 나오는 것 아니야?', '반복해서 똑같이 낼 리가 없잖아?'라

고 생각한다. 평가원은 아주 중요한 출제 포인트나 문제 유형은 다소 변형하여 반복적으로 출제한다. 특히, 완전 신유형의 경우 해당 연도 6월과 9월 모의평가를 통해 미리 보여 주고 이러한 과정을 통해 오류 없이 만들고자 한다. 따라서 수능 기출문제뿐만 아니라 해당 연도 6월과 9월 모의평가는 그해 수능의 바로미터라고 생각하고 철저하게 분석해야 한다.

Q2 기출문제 학습 방법에 대해 알려 주세요

01 개념별로 분류해서 볼까요? 연도별로 분류해서 볼까요?

사회문화를 비롯한 사회탐구 과목은 개념별로 보기를 추천한다. 그 이유는 첫째, 수능 평가 요소를 파악할 수 있기 때문이다. 교과서 전체가 시험 범위이지만 실제 출제되는 수는 20문제이다. 개념별로 분류해서 봐야만 단원별 출제 포인트를 찾을 수 있다. 더불어 모든 단원에서 골고루 출제된다는 사실을 알 수 있으며, 단원별로 대개 몇 문제씩, 어떤 개념이 반복적으로 출제되는지 알 수 있기 때문에 보다 영리하게 공부할 수 있다.

둘째, 문제 유형을 파악할 수 있다. 개념을 이해하고 공부한 다음 막상 수능형 문제를 풀어 보면 공부했던 내용을 적용하지 못해 어렵다는 학생들이 많다. 각 개념이 어떻게 문제화되고 어떤 형식과 유형으로 묻는지 익숙해지는 과정이 필요하다. 개념별로 분류된 기출문제를 보면 핵심 개념들을 묻는 방식과 문제 패턴을 파악할 수 있다.

02 그렇다면 연도별로 볼 필요는 없을까요?

수능 사회탐구 공부 순서는 개념을 이해하고 수능 특강, 수능 완성, 그리고 개념별로 분류된 기출문제를 풀이하면서 수능형 문제 유형을 익히는 것이다. 이후에는 실제 수능처럼 실전 모의고사를 봐야 한다. 시간 체크도 하고 수험생 자신의 강점과 약점도 파악할 수 있는 시간을 가져야 한다.

실전 모의고사 문제집을 구매하여 시간을 재면서 수능처럼 연습해야 한다. EBS 파이널 모의고사, 만점 마무리 봉투 모의고사 등 질 좋은 교재들이 있지만 실전 연습을 할 만하지는 않다. 이들을 모두 합쳐도 10회분 정도밖에 되지 않는다. 이때 가장 좋은 것이 연도별 기출문제이다. 개념별로 여러 번 보았어도 연도별로 진짜 시험처럼 보면 처음인 것처럼 새롭게 연습할 수 있다. 특히, 교육청 학력평가의 경우 평가원 문제들보다는 반복 횟수가 적어 덜 익숙하므로 진짜 시험처럼 실전 연습을 할 수 있다. 수능을 앞두고 주기적으로 교육청 학력평가 문제를 실제 시험처럼 보기를 추천한다.

Q3 기출문제는 얼마나 많은 양을 봐야 하나요?

고2 기출문제도 봐야 할까요?
1994년부터 수능 기출문제를 전부를 봐야 할까요?

수능이 시작되고부터 차곡차곡 쌓인 모든 기출문제를 다 풀어야만 하는 것은 아니다. 수능은 25년 넘게 이어져 오면서 문제 유형이 많이 바뀌었다. 고2 기출문제, 교육청 학력평가, 1994년부터 이어진 평가원 기출문제까지 무조건 많이 보는 것보다는 우선순위를 정해 적당한 양을 제대로 분석하고 반복하는 것이 올바른 기출 공부법이다. 학생마다 여러 가지 방법으로 기출문제 우선순위를 정할 수 있을 것이다. 예를 들어 2020학년도 수능을 준비하는 학생에게 중요한 1순위 기출문제는 2019년 6, 9월 모의평가, 수능 기출문제이다. 개념별로 분류해서 여러 번 반복해서 본다. 2순위 기출문제는 2018, 2017년 6, 9월 모의평가, 수능 기출문제이다. 3순위 기출문제는 평가원을 제외한 교육청 출제 3, 4, 7, 10월 학력평가 문제이다. 3개년(2019,

2018, 2017년)에 해당하는 240문제 정도를 개념별로 분류해서 보기를 추천한다.

기출은 해당 연도 기출문제가 가장 중요하다. 그래서 0순위 기출문제는 2020학년도 6월과 9월 평가원 모의평가이다. 위에서도 살펴보았듯이 2019학년도 6월 모의평가의 10번 유형과 매우 유사하게 2019학년도 수능 5번이 출제되었다. 6월과 9월 문제는 수능의 평가 요소와 신유형, 출제 패턴을 파악할 수 있는 0순위 필수 자료이다. 보고 또 보면서 거의 외울 정도로 반복해야 한다. 여기에 0.5순위라고 이름 붙여 해당 연도 교육청 기출문제 역시 꼼꼼하게 여러 번 풀이하기를 추천한다.

다시 한 번 정리하면, 기출문제는 무조건 많은 양을 보는 것보다 최신 기출문제부터 범위를 정해서 3년 정도 꼼꼼히 살펴보고 그 범위를 늘려 가는 것이 좋다.

Q4   기출문제는 언제부터 공부해야 할까요?

기출문제를 공부하는 적기가 따로 있지는 않다. 다만, 개념을 1회 정독한 다음 기출문제를 함께 공부하기를 추천한다. 수능 사회탐구는 반드시 개념을 공부하는 것부터 시작해야 한다. 개념을 이해하고 나면 수능형 문제에 적용하는 연습을 하게 된다. 즉, 수능 특강, 수능 완성이라는 연계 교재를 통해서 본격적인 문제 풀이를 하게 된다. 개념을 익히고 처음 수능형 문제에 적용하려면 어려움을 느낄 것이다. 개념 따로, 문제 따로, 적용이 안 되는 느낌이 들기도 할 것이다. 이때 개념별로 분류된 기출문제를 보면 자연스럽게 개념을 수능형 문제에 적용할 수 있게 된다. 수능 특강, 수능 완성과 기출문제를 병행해도 되고 수능 특강 이전에 기출문제를 먼저 봐도 무방하다.

선생님은 개념 강의가 끝난 후 '가장 쉬운 기출'이라고 이름 붙여서 고2 기출문제를 개념별로 분류하여 학생들이 개념을 문제에 적용하는 연습을 하도록 한다. 결론은 개념 1회 정독 이후에는 언제라도 기출문제를 봐도 된다.

Q5 기출문제가 더 중요한가요?
연계 교재가 더 중요한가요?

많은 학생들이 기출문제가 더 중요하다고 생각하기 때문에 수능 특강, 수능 완성 교재를 볼 필요가 있느냐고 질문하기도 한다. 'EBS-수능 연계 정책'이 유효한 상황에서 실제로 수능 출제위원들은 수능 특강, 수능 완성 교재를 보며 연계 문항을 선별하고 변형하여 출제하고 있다. 수능 출제위원이 보는 교재를 굳이 보지 않을 이유가 있을까? 기출문제 역시 물론 중요하다. 하지만 해당 연도 수능 특강, 수능 완성 교재보다 오래된 기출문제가 최신 수능 경향을 반영한다고 볼 수 없다. 개념을 익힌 이후에는 다양한 문제를 많이 풀어 보는 것이 중요하다. 그 문제는 기출이고, 수능 특강, 수능 완성이라는 연계 교재이다.

'기출문제 본다고 다 만점 받는 것은 아니지만, 만점 받은 사람 중에 기출 보지 않은 사람은 없다'라는 말이 있다. 문제를 풀고 정답을 맞히는 것에서 그치면 실력은 늘지 않는다. 기출문제를 꼼꼼히 분석하고 반복하면 '평가 요소'가 보이고 '패턴'을 파악할 수 있다. 양을 늘리는 공부가 아니라 진짜 공부를 통해 수능 사회탐구 만점이라는 목표를 꼭 이루길 바란다.

과학 Q

알고 풀자, 과학탐구 기출문제

변춘수 EBSi 과학탐구영역 강사(現) | 시대인재 강사(現) | 서울대학교 생물교육과 졸업
서울대학교 과학교육과(생물전공) 석사 | 면목고등학교 교사(前)

> 수능을 준비하는 많은 학생들이 기출 문제집은 한두 권 이상 필수로 가지고
> 있고, 기출문제를 필수로 풀고 있으면서도 과연 내가 지금 공부를 잘 하고
> 있는 건지 확신이 들지 않는다고 말하는 경우가 있다. 아무래도 기출문제를
> 여러 번 풀다 보면 답까지 외워 버리게 되는데, 그래서 내가 정말 이 내용을
> 알고 있는 건지 헷갈리는 것이다. 그러다 보니 효과적인 기출문제 공부 방법
> 에 대해 궁금해하는 학생들이 많다. 우리 학생들의 이런 고민을 말끔히 해결
> 해 주기 위해 과학탐구에서 기출문제 공부를 왜 해야 하는지, 언제 해야 하
> 는지, 그리고 어떻게 해야 하는지 지금부터 자세히 살펴보자.

Q1 　기출문제 공부는 왜 해야 하나요?

매해 수능이 끝나면 수능 만점자들의 공부법이 화제가 되곤 한다. 그들이 공통으로 강조하는 내용이 있는데, 그것은 바로 기출문제 공부의 중요성이다.

"기출문제를 완벽하게 습득할 때까지 반복해서 보았다."
"어떤 개념에서 이 문제가 출제되었는지를 생각하면서 문제를 풀었다."
"최근 5개년 수능 기출문제를 필수로 반복해서 풀었다."

기출문제 공부의 중요성은 비단 수능 만점자들뿐만 아니라, 수능 강의를 진행하는 선생님들도 강조하는 내용이다. 매해 다양하게 편집된 기출 문제집이 쏟아져 나오고 있고 기출문제를 다루는 강의 또한 많다. 그도 그럴 수밖에 없는 것이 수능에 나오는 개념은 정해져 있고 중요한 개념 또한 정해져 있기 때문이다. 특히, 과학탐구는 문제마다 그림, 그래프, 표 같은 자료가 나오는데, 동일한 자료가 여러 번 반복해서 등장하기도 한다. 따라서 수능 기출문제를 풀면 주로 어떤 개념에서 문제가 많이 나오는지, 동일한 자료로 어떤 내용을 많이 묻는지를 파악할 수 있다. 또한, 최신 수능 유형을 파악할 수 있으며 그런 유형의 문제가 나왔을 때 어떤 순서로 문제를 해결해 나가는지를 연습할 수 있으므로, 실제 수능 시험장에서 문제를 만났을 때 빠른 속도로 풀 수 있게 된다.

Q2   기출문제 공부는 언제 해야 하나요?

과학탐구뿐만 아니라 수능의 모든 과목에 해당하는 것인데, 수능에서 1등급을 받기 위해서는 네 가지만 제대로 하면 된다. 개념, 연계 교재, 기출문제, 실전 연습, 이 네 가지가 수능 공부의 필수이자 전부이다.

개념 ▶ 연계 교재 ▶ 기출문제 ▶ 실전 연습

기출문제를 공부하는 최적의 시기는 바로 기본적인 개념 학습이 끝나고 연계 교재인 수능 특강을 공부할 때이다. 단원별로 수능 특강을 푼 다음 단원별로 그동안 출제되었던 기출문제를 본다면, 어떤 내용을 자주 물어보고 있는지 알 수 있으며 최신 수능 트렌드도 파악할 수 있다. 최적의 시기 두 번째는 수능 특강을 끝낸 후이다. 수능 특강은 여러 번 봐야 할 수능 연계 교재이다. 수능 특강을 1회 정독한 후, 다시 단원별로 복습하며 기출문제를 공부하는 것도 좋은 전략이다.

어찌 됐든 개념이 정립된 후에 문제를 풀만 한 실력을 갖추고 나서 기출문제를 만나야 한다. 서둘러서 기출문제를 풀면 아깝다. 재수생을 비롯하여 기출문제를 많이 풀어 본 학생들은 이제 기출문제를 보면 답이 보여서 내가 정말 알고 푸는 것인지, 외워서

푸는 것인지 자신의 실력을 확인할 수 없어 답답하다고 많이 호소한다. 극단적으로, 기출문제는 수능 전에만 풀면 되므로 급하게 마음먹지 말 것을 꼭 당부하고 싶다.

Q3 기출문제 공부는 어떻게 해야 하나요?

한국교육과정평가원은 수능을 출제한 후에 수능 출제 방향에 대해 보도자료를 내는데, 그중에는 이런 내용이 있다.

"…연계 방식은 EBS 교재에서 중요하게 다루고 있는 개념 및 원리를 활용하는 방식, EBS 교재의 그림, 도표 등의 자료를 활용하거나 변형하는 방식, 답지나 보기 일부를 활용하거나 변형하는 방식 등을 적절하게 활용하였다…."

〈2019학년도 대학수학능력시험〉 출제 방향 보도지침 중에서

이른바 출제 기준을 언급한 것이다. 물론 연계 교재에 있는 문제나 이전 기출문제가 수능에 똑같이 나오지는 않는다. 그러나 연계 교재나 이전 기출문제에서 다루었던 중요한 개념이나 자료는 수능에 또 나올 수 있다는 것이다. 따라서 중요 개념을 자신의 말로 설명할 수 있을 정도로 공부해야 하고 문제 속 자료는 꼼꼼히 분석해야 한다. 예를 들면, 연계 교재나 기출문제에서 어떤 실험의 결론을 물어봤다면, 실험의 결론에서 더 나아가 그 실험을 시행한 목적은 무엇인지, 그 실험의 전제가 무엇인지를 생각해 봐야 한다.

동일한 자료로 그동안 기출문제에서는 어떤 내용을 자주 물어보았는지, 더 물어볼수 있는 내용은 무엇인지 적극적으로 사고하며 공부하는 것이 진짜 제대로 된 기출문제 공부라고 할 수 있다.

Q4 과학탐구 기출문제 공부 방법을 간단하게 두세 가지 정도로 정리해 주세요

01 일단 개념을 완벽하게 공부해라

마음을 급하게 먹지 말고 문제를 풀만 한 실력을 갖춘 후에 문제를 풀자.

02 소단원별로 개념을 복습한 후에 기출문제를 풀어라

그동안 정리해 둔 나만의 노트가 있다면 노트를 눈으로 보면서 '아, 이런 내용이 있었지', '그래, 이 내용을 물어보면 실수를 자주 했었으니까, 이번에는 특히 더 조심하자' 이렇게 마음의 준비를 한 후에 기출문제를 만나자.

03 내가 부족하다고 느끼는 부분은 동일 자료로 출제했던 문제들을 모두 찾아 선지를 추가해 두자

예전 기출문제와 연계 교재에서는 어떤 내용을 물어봤었는지 하나의 책에 단권화하는 것도 좋다. 수능 특강이나 기출 문제집에 'ㄹ, ㅁ' 등으로 선지를 추가해도 좋고, 오답 노트를 만드는 것도 좋은 방법이다. 자주 틀리는 선지를 내 손으로 직접 써보는 것이 중요하다. 이때 자신에게 하는 말을 같이 적어 두면 어떨까? '여기서 실수하기 쉬우니 정신 바짝 차리자', '이런 유형의 문제가 나오면 이런 순서로 접근하자', '잘하고 있어, 멘탈 잡자!' 등 자신을 격려하면서 말이다.

UNIT 08

2022학년도 대입제도 개편의 이해

1. 2022학년도 대학입학제도 개편 방안

가.　　정시 수능 위주 전형 비율 확대

◆ 학생들의 재도전 기회를 위해 대학의 정시 수능 위주 전형 비율이 30% 이상으로 확대될 수 있도록 권고함

- 단, 산업대학, 전문대학, 원격대학 등은 제외
- '고교교육 기여대학 지원사업'을 재설계하여 재정 지원과 연계
- ‧ 수능 위주 전형 30% 이상 대학에 사업 참여 자격 조건 부여
- ‧ 단, 학생부교과전형 30% 이상 대학은 자율

2020학년도 대입전형 시행 계획에 나타난 서울과 수도권, 지방의 전형 유형(교과, 종합, 수능)별 모집인원 및 비율은 다음과 같다.

| 구분 | 학생부 | | | | 수능 | | 전체 정원 (명) |
| | 교과 | | 종합 | | | | |
	인원(명)	비율(%)	인원(명)	비율(%)	인원(명)	비율(%)	
서울	10,510	12.9	31,680	39.0	21,978	27.1	81,164
수도권	27,758	21.5	43,381	33.6	33,056	25.6	129,170
지방	119,868	54.8	42,223	19.3	36,235	16.6	218,696

서울을 비롯한 수도권의 주요 대학을 살펴보면 이미 정시 비율이 25% 이상이고 실제 수시전형에서 선발하지 못하고 정시전형으로 이월되는 인원을 고려하면 정시전형은 현재도 30% 이상의 학생을 선발하고 있다는 것을 알 수 있다. 실제로 서울과 수도권에서 교과나 정시전형 비율이 30%에도 많이 못 미치는 학교는 2020학년도 대입을 기준으로 서울대학교, 고려대학교, 몇 개의 여자 대학교 등에 불과하다.

전국의 대학에서 정시전형을 모두 30%로 늘린다는 가정하에 교육부가 예상한 정시모집 증가인원은 5,354명이었다. 2020학년도 정시 전체 모집인원은 79,090명으로 5천여 명이 증가한다고 해도 큰 폭으로 정시인원이 증가한다고 말하기 어렵다. 특히, 재정 지원과 연계할 수밖에 없는 구조상 재정 지원을 전혀 받지 않고 있는 대학이나 비율 적용 예외 대학을 빼면 3천 명대로 증가인원이 줄어들게 된다.

지역의 대학들은 정시전형이 16.6%로 낮게 나타나고 있지만 수시 교과전형의 비율이 압도적으로 높아서 예외를 인정받아 정시인원을 늘려야 할 필요가 없다. 이 대학들의 경우 점차 학생들이 줄어드는 상황에서 충원율을 높이기 위해 대부분 학생을 수시전형에서 선발할 수밖에 없다. 따라서 지역대학은 정시 모집인원을 늘리는 것에는 관심이 적을 수밖에 없다.

수시 선발에 대한 수도권 대학들의 선호도가 높은 편이므로 정시 비율이 소폭 늘어난다고 해도 학생부종합전형이 줄어든다는 보장도 없다. 약간이지만 늘어나는 정시 선발인원은 논술전형 등에서 충당할 수 있기 때문에 학생부종합전형의 중요성은 이후의 대입에서도 계속 지속될 것이다. 실제로 서울 소재 대학 중 정시전형 비율이 낮은 대학들도 논술전형과 정시전형의 비율을 합치면 대부분 30%의 비율을 충족시킬 수 있으며 이를 충족시키지 못하는 대학은 3개 정도이다. 즉, 부족한 정시전형의 비율은 논술전형을 축소하면 충분히 만족하게 할 수 있다는 의미이다.

따라서 이번 수능 위주 전형 확대와 관련된 정책은 정시전형의 비율을 소폭 상승시킬 수는 있지만, 학생부전형이 강화되고 있는 현재의 추세는 크게 변화되지 않을 것이다. 따라서 학생들은 수시의 학생부전형과 정시의 수능전형 중 자신에게 적합한 전형이 무엇인지 고민하되 두 전형 모두 고입 초기부터 꾸준하게 함께 준비를 해 나가야 한다.

나.　수시 수능 최저학력기준 활용

◆ 수능 최저학력기준 활용 여부는 대학 자율에 맡김

– 단, 선발 방법의 본래 취지를 저해하지 않도록 재정 지원과 연계

기존 대입제도의 수시전형은 학생부 중심, 정시전형은 수능 중심으로 구분하여 수시전형에는 수능 최저학력기준을 활용하지 않도록 권장해 왔다. 그런데 지금까지

권장하던 것을 자율에 맡기는 방식으로 바꾼다면 수능 최저학력기준을 채택하는 대학이 늘어날 수도 있을 것이다. 이렇게 된다면 당연히 수능이 중요해질 것이다. 표준점수나 백분위 합산점수를 활용하는 정시전형에 비해 수시전형에서는 수능 최저학력기준을 맞추는 것이 중요하므로 수능 준비에도 선택과 집중에 따른 전략을 세우는 것이 필요하다.

다. 수능 과목 구조와 출제 범위

- 국어 : 공통과목(독서, 문학) + 선택과목(화법과 작문, 언어와 매체 중 택 1)
- 수학 : 공통과목(수학I, 수학II) + 선택과목(확률과 통계, 미적분, 기하 중 택 1)
- 영어, 한국사 : 절대평가 유지
- 탐구(일반계) : 사회·과학 계열 구분 없이 사회 9과목, 과학 8과목 중 택 2
- 탐구(직업계) : 공통과목(성공적인 직업생활) + 5개 계열 중 택 1
- 제2외국어/한문 : 9과목 중 택 1 (절대평가 전환)

과목(영역)	2021학년도 수능	2022학년도 수능
국어	독서, 문학 화법과 작문, 언어	공통 : 독서, 문학 선택 : 화법과 작문, 언어와 매체 중 택 1
수학	가형(이과) : 수학I, 확률과 통계, 미적분 나형(문과) : 수학I, 수학II, 확률과 통계	공통 : 수학I, 수학II 선택 : 확률과 통계, 미적분, 기하 중 택 1
영어	영어I, 영어II	영어I, 영어II
한국사	한국사	한국사
탐구	일반계 : 사회·과학 계열 중 택 2(계열 구분) - 사회 : 9과목 - 과학 : 8과목(과학I, 과학II)	(문과/이과 구분 폐지) 일반계 : 사회·과학 계열 구분 없이 택 2 - 사회 : 9과목 - 과학 : 8과목(과학I, 과학II)
	직업계 : 직업 계열 중 택 2 - 직업 : 10과목(농·공·상업·수산·가사 5개 계열당 2씩)	직업계 : 전문공통(성공적인 직업생활)+선택(5개 계열 중 택 1) - 직업 : 6과목(성공적인 직업생활, 농업기초기술, 공업일반, 상업경제, 수산·해운산업의 기초, 인간발달)
제2외국어/한문	9과목 중 택 1 (독일어I, 프랑스어I, 스페인어I, 중국어I, 일본어I, 러시아어I, 아랍어I, 베트남어I, 한문I)	9과목 중 택 1 (독일어I, 프랑스어I, 스페인어I, 중국어I, 일본어I, 러시아어I, 아랍어I, 베트남어I, 한문I)

2021학년도 수능까지는 현재 2019학년도의 수능과 수학 범위만 다를 뿐 같은 수능이다. 2021학년도의 수능은 수학을 (가) 또는 (나)형으로 선택하게 되어 있어서 계열별 탐구과목 선택에 의한 변수만 고려하면 대체로 학생들을 계열에 따라 성적순으로 줄 세우는 것이 수월한 편이었다.

반면 2022학년도 수능의 경우 국어, 수학, 탐구를 모두 각각 선택하게 되는데, 계열을 나누어 선택하는 것이 아니므로 국어, 수학, 탐구의 3과목만 다양한 선택 조합이 계열 구분 없이 102개로 나뉘어 학생들을 일괄적으로 줄 세우는 것이 불가능해지게 되었다. 즉, 인문과 자연으로 나뉘어 배포되던 정시 배치표 작성도 새로운 형식이 필요하게 되었다.

물론 어떤 과목을 선택하든지 표준점수나 백분위점수를 기준으로 줄을 세우는 것은 어렵지 않을 수도 있지만, 선택과목이 지금보다 훨씬 다양해지며 이에 따른 유불리 측면에서 상당한 논란의 여지가 생길 수 있을 것이다. 이는 정시에 지원 가능한 대학이 정확히 어느 위치인지 그만큼 알기 어려워졌다는 것이고 정시 합격과 불합격 예측의 불확실성이 커졌다는 것이다. 변수가 많아지면서 단순히 합산점수가 높다고 정시전형을 마음 놓고 지원하기는 어려워질 것이다. 정시의 불확실성이 커지는 만큼 수시전형에서 하향 안전 지원을 하여 합격하려는 학생들이 늘어날 수도 있을 것이다.

수시전형에서 가장 먼저 살펴보는 것은 정시전형에 지원이 가능한 대학을 가늠해 보는 것인데, 이를 명확하게 알기 어려우므로 연쇄적으로 수시전형 지원도 매우 혼란스러울 것이다. 그리고 제2외국어와 한문영역은 지금까지는 많은 대학에서 탐구영역을 대체하는 것이 가능했기 때문에 상위권 학생들을 중심으로 필수로 응시해야 할 과목이었다. 그러나 2022학년도부터 탐구영역은 상대평가, 제2외국어/한문은 절대평가로 바뀌면서 시험의 성격이 많이 달라져 서로 대체가 불가능하다. 따라서 제2외국어와 한문영역의 경우 수험생들의 외면을 받으면서 응시율이 급격히 떨어질 것으로 예상된다.

기하 또는 과학탐구II 과목의 경우 특정 대학에서 필수 응시과목으로 지정하는 경우 상위권 학생들이 선택하게 될 가능성도 있지만, 교육부와 한국대학교육협의회 차원에서 특정 과목만을 지정하는 방식은 제한할 가능성도 있기 때문에 고교에서 해당 과목을 반드시 이수해야 하는 부담은 지나치게 가지지 않아도 될 것이다. 지원하는 학교에 해당 과목이 개설되지 않는다 하더라도 이미 온라인 학습이나 주변 고교 연계 또는 지역 교육시설 연계 방식으로 학생들이 원하는 과목을 수강할 기회는 계속 늘어나고 있다. 특정 과목의 개설 여부를 심각하게 고민하며 고교를 선택할 필요는 없을 것으로 보인다.

과목별 선택의 경향성은 기존의 탐구영역에서 특정 과목에 학생들의 쏠림이 나타나는 것처럼 많은 학생들이 선택하는 과목이 더욱 선호될 가능성이 높아졌다. 2015 개정 교육과정의 취지상 학생의 진로에 맞는 과목을 수강하고 선택하는 것도 학생들의 호기심을 자극하는 데 큰 도움이 될 수 있으므로, 자신이 지원할 전형에 따라 신중하게 과목을 선택한다면 입시를 준비하는 데 도움이 될 것이다.

라. 수능 EBS 연계율

◆ EBS 연계율을 기존 70％에서 50％로 축소하고 과목 특성에 맞춰 간접연계로 전환
(간접연계) EBS 교재의 지문과 주제·요지가 유사한 지문을 다른 책에서 발췌 사용하는 것으로서, 영어지문 단순 암기 등 직접연계로 인한 문제점 해소

EBS 연계 교재가 없어지는 것이 아닌 이상 연계 교재를 중심으로 수능을 준비하는 것은 너무나 당연한 일이다. 기본이 되는 교과서와 EBS 연계 교재를 바탕으로 기초를 다지려는 노력이 필요하다. 지문이나 도표, 그림 등의 자료가 그대로 출제되기보다는 기본을 지키는 선에서 변형되기 때문에 특정 자료를 암기하려는 방식의 공부가 아닌 EBS 연계 교재에 제시된 기본적인 원리를 이해하고 파악하는 개념 학습이 더 중요해질 것이다.

마.　　고교 학생부 기재 개선

인적·학적사항	- 부모 정보 삭제 - 인적·학적사항 통합
출결상황	- 부정적 어감의 '무단'을 '미인정'으로 변경
수상경력	- 현행대로 기재 - 대입 제공 수상경력 개수 제한 　— 학기당 1개 이내, 총 6개까지 제공 가능
진로희망사항	- 진로희망사항 항목 삭제 - 진로희망은 창체 진로 활동 영역에 기재, 대입전형 자료로 미제공
자율동아리	- 기재 동아리 개수를 학년당 1개 제한 　— 동아리명 및 간단한 동아리 소개 등을 객관적으로 확인 가능한 사항(동아리명, 동아리 소개)만 　— 기재(공백 포함 총 30자 이내)
소논문 활동	- 소논문(R&E)은 학생부 모든 항목에 미기재
자격증 및 인증취득상황	- 현행대로 기재 - 대입 활용 자료 미제공
청소년단체 활동	- 학교 밖 청소년단체 활동 미기재 - 학교교육 계획에 따른 청소년단체 활동은 '청소년단체명'만 기재
학교스포츠클럽 활동	- 정규 교육과정 내 클럽 : 학생의 개별적 특성을 중심으로 기재 - 정규 교육과정 외 클럽 : 클럽명과 활동 시간만 기재
봉사 활동 실적	- 특기사항 기재 삭제 - 실적은 현행대로 입력
방과후학교 활동	- 학생부에 미기재

기재분량 감축

- 항목별 특기사항 입력 글자 수 축소

항목	현행				
창체 특기사항	자율	동아리	봉사	진로	계
	1,000	500	500	1,000	4,000
행특 종합의견	1,000				

▼

기재분량 감축	항목	현행				
	창체 특기사항	자율	동아리	봉사	진로	계
		500	500	미기재	700	2,200
	행특 종합의견	500				

학생부 관련 연수 강화	– 시·도 교육청 업무 담당자, 일반교원, 강사요원 등 대상자별 맞춤형 연수 제공
기재 도움 자료 확대 보급	– 학교급별 맞춤 기재 요령, 기재 우수사례, 기재 지원프로그램 보급
기재 책무성 강화	– 단위학교/교육청의 학생부 기재·관리 관련 점검 계획 수립·시행 의무화 – 허위 사실 및 기재 금지사항 기재 시 관련 법령·지침에 따라 엄정 조치
평가 신뢰도 제고	– 부정행위자 처벌 강화 – '평가 관리 강화 방안' 마련·시행 – 평가 관리 일원화, 출제 중 보안 대책 수립, 학교 내 별도 평가관리실 설치, 교육청별 여건을 감안한 —CCTV 설치 등 추진

수상경력 개수

그동안 수상은 어떤 대회라도 상을 많이 받는 것에 중점을 둔 경우가 많았고, 수상의 등위보다도 일단 수상 자체가 더 중요하게 생각되었다. 개수 제한이 없었기 때문이다. 그러나 이제 학기당 수상경력 기재를 1개로 제한하는 만큼 수상의 양이 아닌질이 중요해지게 되었다. 더욱 중요하다고 판단되는 탐구보고서 대회나 특정 과목경시대회 등의 경쟁은 매우 치열해질 것으로 예상된다. 특히, 전체 6개밖에 기재가안 되기 때문에 수상의 등위에 집중하는 경향도 강해질 것이다. 따라서 학생부종합전형을 준비하는 학생들은 자신의 흥미와 진로에 따른 교내대회의 도전 여부를 보다 계획적이고 체계적으로 준비해 나가야 할 것이다.

자율동아리

자율동아리는 학생의 관심을 드러내는 대표적인 활동으로 여겨져 그동안 필요 이상으로 과열되던 항목 중 하나이다. 그러나 동아리명 등의 간단한 소개만 기재하게되면서 평가 자료로서의 중요성은 많이 줄어들 것으로 보인다. 다만 자율동아리에서 했던 활동은 자기소개서에 얼마든지 기록할 수 있으므로 학생 스스로 의미가 있다고 생각되는 활동은 적극적으로 해야 한다. 한 학기 한 개 이상 기록이 불가능해졌기 때문에 자신의 흥미나 관심에 맞는 동아리를 신중하게 만들거나 가입해야 한다.

소논문(R&E) 모든 항목 미기재

소논문을 고등학생 수준으로 써낸다는 것은 불가능하기도 하고 과도한 연구내용을 신뢰하기도 어렵다는 주장이 힘을 얻으면서 많은 대학이 평가에서 이를 제외하고 있다. 그럼에도 불구하고 양질의 학생부 기록을 위해 소논문은 학생부 어딘가에 끊임없이 기록되어 왔다. 이번 개선 방안으로 소논문은 기록이 금지되겠지만, 이는 '용어 사용 금지'에 그칠 수도 있다. 사실상 지적 호기심을 충족하는 방식으로 학생이 탐구한 보고서는 '소논문'이라는 명칭만 사용하지 않는다면 얼마든지 기록할 수 있을 것이기 때문에 '소논문'이라는 용어는 사라져도 '(심화)탐구보고서'라는 명칭으로 학생들의 탐구는 계속 기록될 것으로 생각한다. 학생 스스로 자신의 지적 호기심을 채우기 위해 노력하는 활동은 다양한 방식으로 계속될 것이고, 이제 '탐구보고서'라는 명칭이 학생부에 많이 등장하게 될 것으로 보인다.

방과후학교 활동

방과후학교 활동은 학교마다 다양하게 운영되는 학교의 프로그램이다. 사실상 사교육비를 줄이는 목적으로 운영되는 활동이기 때문에 수능 문제 풀이 형식의 수업이 많이 운영되고 있다. 학생부 기록이 불가능해진 만큼 방과후학교 활동 자체가 축소되는 현상이 나타날 것으로 생각한다. 오히려 방과후학교 수업 시간에 이루어지는 거점형·연합형 학교의 심화 수업이나 온라인 강좌 등의 공급과 수요가 새롭게 늘어날 가능성이 있다. 학생들은 자기 학교의 방과후학교 활동뿐만 아니라 다른 학교, 지역 교육기관 등에서 다양하게 제공되는 프로그램을 잘 알아보고 자신에게 더 필요한 활동들에 적극적으로 참여할 수 있도록 정보를 잘 검색하고 시야를 넓혀야 할 필요가 있다.

창의적 체험 활동 특기사항 기재분량 감축

창의적 체험 활동은 학교에서 벌이는 다양한 활동과 행사에 의미를 부여하는 중요한 기록 항목이다. 특히, 자율 활동과 진로 활동의 경우 1,000자를 기록할 수 있었기 때문에 여기저기 다 적지 못한 다양한 활동을 기록하는 공간으로도 활용되어 왔다. 기재분량의 축소는 전체 학생들의 활동기록 분량 측면에서 변별력을 줄어들게 할 것이다. 학교에서의 활동을 늘려 학생부의 분량으로 좋은 평가를 받기가 힘들어진다는 뜻이다. 즉, 줄어든 글자 수 안에 기록한 활동의 내용이 경쟁력을 갖기 위해서는 활동의 양보다는 질이 좋아져야 한다는 것이다. 따라서 학생들은 학교에서 아무 활동이나 많이 참여하는 것보다는 자신이 보다 관심 있는 분야의 활동을 깊이 있게 하려는 노력이 더 중요해질 것이다.

바. 대학의 선발 투명성 제고

◆ 자기소개서 개선

- 기존 방식과 같이 서술형으로 기술
- 1번(학습경험)·2번(가장 의미 있었던 교내 활동) 문항 통합
- 3번 문항은 학생의 개별 특성이 더욱 잘 드러나는 방향으로 질문 방식 개선
- 1·2번 통합문항은 1,500자 이내, 3·4번 자율문항은 각각 800글자 이내 글자 수 제한
- 1번(1,000자) + 2번(1,500자) → 1·2번 통합문항(1,500자)
- 3번(1,000자) + 4번(1,000 ~ 1,500자) → 각각(800자)
- 총 4개 문항 4,500~5,000자 → 3개 문항 3,100자로 축소

◆ 교사추천서 폐지

자기소개서는 학생이 스스로 자신의 경험을 평가자인 입학사정관에게 직접 전달할 수 있는 중요한 기록물이다. 그러나 많은 학생이 작성에 어려움을 호소한다. 현재 1번 항목은 학습 관련, 2번 항목은 의미 있는 경험내용을 서술하는 것인데, 사실상

두 항목은 학생의 의미 있었던 탐구 활동을 기록한다는 점에서는 차이가 없다. 따라서 1번과 2번 항목을 통합한 것은 학생의 의미 있는 탐구 활동을 기록하는 분량을 줄여 준 것으로 볼 수 있다. 즉, 3~5개의 활동내용을 기록할 수 있었던 것에서 2~3개의 활동내용으로 소재가 줄어들었다고 보면 된다. 따라서 창의적 체험 활동 특기사항의 분량이 줄어들었던 것과 같이 활동의 양보다는 의미와 깊이가 더욱 중요해질 것이다. 그리고 3번과 4번 문항의 경우 대부분 1개의 활동내용을 중심으로 서술하는 경우가 많았던 만큼 1,000자에서 800자로 줄어든 것은 더욱 적절한 분량이 되었다고 볼 수 있다.

교사추천서의 경우 기존에도 당락을 결정할 만큼의 핵심적인 서류는 아니었다. 교사와 학생이 갖던 부담을 덜어준 취지라고 볼 수 있다.

사.   면접·구술고사 개선

◆ 학생부 기반의 맞춤형 확인면접 원칙

- 재정 지원과 연계, 제시문 기반 구술고사 최소화 유도
- 고교 교육과정을 위반한 경우 시정 명령, 모집 정지 등 엄중 제재

◆ 대입 블라인드면접

- 재정 지원과 연계하여 대입 블라인드 면접 도입
- 면접 평가 시 성명, 수험번호, 출신고교 등 미제공

대학마다 면접의 방식이 조금씩 다르지만 대부분 제시문 기반 면접과 학생부 확인 면접으로 구분된다. 기존에도 면접 방식은 학생부 기반의 확인면접을 권장해 왔으며 대부분 대학도 이미 학생부 확인면접을 많이 도입해 운영하고 있다. 다만 상위권 대학들을 중심으로 제시문 기반의 구술면접을 하는 경우가 많은데, 강제로 제재할 수 있는 상황은 아니므로 지원하는 대학에 따라 면접이 다를 수 있음을 미리 인지하고 준비해야 할 것이다. 면접이나 논술 등 대학별 고사에 대해서는 이미 선행학습영향평가 등을 통해 고교 교육과정 내에서만 출제하도록 관리하고 있으므로 큰 변화

는 없다.

블라인드면접은 현재 2019학년도 대입부터 다수의 대학이 이미 도입하여 운영을 시작하고 있다. 블라인드면접의 전면 실시는 공정성 측면에서 긍정적으로 평가할 수 있다. 다만 학생부종합전형처럼 학생부를 보면서 면접을 시행하는 대학의 경우 단순히 성명과 수험번호, 출신고교만을 가린다고 해서 학생의 정보를 완전히 제거한 면접이 될 수 없다는 점은 구조적인 한계로 볼 수 있다.

아. 지필고사 개선 방안

◆ 수시 적성고사 폐지 추진

- 수능과 유사하고 수시모집의 취지와 어긋나는 수시 적성고사 폐지 추진
- 사교육 유발이 우려되는 논술전형은 단계적 폐지 유도

적성고사와 논술전형은 학교의 내신 성적을 대학별 고사만으로 극복할 수 있는 전형으로, 내신이 낮은 학생들에게는 상대적으로 자신의 성적으로 지원하기 힘든 대학에 도전할 기회를 주는 전형이다.

논술의 경우 학생의 사고력을 깊이 있게 측정하는 문항 등을 내세워 수능과는 차별화된 전형으로 자리매김하였다. 매번 사교육 영향이 높다고 나타나는 논술전형은 계속해서 폐지를 유도해 나가겠지만, 대학에 따라 논술전형에 대한 유지 여부는 다양한 판단이 존재하기 때문에 당분간은 일정 수준을 유지해 나갈 것이다.

적성고사는 수능과 같은 선다형 문항을 제시하고 있기 때문에 사실상 정시의 수능 중심 전형과 차별성이 없어서 대입 간소화 정책에서 가장 먼저 폐지가 추진되던 전형이었다. 따라서 기존에 예고된 대로 폐지를 하게 된 것이다. 적성고사를 실시하던 대학들의 경우 전형을 폐지하면 모집인원을 학생부교과전형이나 정시전형으로 분산시킬 가능성이 있는데, 점차 줄어드는 학생 수와 충원 문제 등을 고려한다면 교과전형이 증가할 가능성이 더욱 높다고 판단된다.

〈대입제도 개편 비교표〉

구분	2020학년도 이전	2021학년도	2022학년도 이후
수능 위주 전형 비율	대학 자율	수능 위주 전형 비율 확대 유도	수능 위주 전형 비율 30% 이상 재정 지원과 연계(학생부교과 30% 이상 대학은 자율)
수능 최저 학력기준 활용	대학 자율(선발 방법 취지 고려)	대학 자율(선발 방법 취지 고려)	대학 자율(선발 방법 취지 고려)
수능 출제 범위	국어 : 화법과 작문, 독서와 문법, 문학 수학(가) : 미적분II, 확률과 통계, 기하와 벡터 수학(나) : 수학II, 미적분I, 확률과 통계 영어 : 영어I, 영어II 한국사 : 한국사 탐구 : 계열 구분 – 사회 : 9과목 중 택 2 – 과학 : 8과목 중 택 2 – 직업 : 10과목 중 택 2 제2외/한문 : 9과목 중 택 1	국어 : 화법과 작문, 독서, 문학, 언어 수학(가) : 수학I, 확률과 통계, 미적분 수학(나) : 수학I, 수학II, 확률과 통계 영어 : 영어I, 영어II 한국사 : 한국사 탐구 : 계열 구분 – 사회 : 9과목 중 택 2 – 과학 : 8과목 중 택 2 – 직업 : 10과목 중 택 2 제2외/한문 : 9과목 중 택 1	국어(공통) : 독서, 문학 국어(선택) : 화법과 작문, 언어와 매체 중 택 1 수학(공통) : 수학I, 수학II 수학(선택) : 확률과 통계, 미적분, 기하 중 택 1 영어 : 영어I, 영어II 한국사 : 한국사 탐구(일반) : 계열 구분 없이 택 2 – 사회 : 9과목 – 과학 : 8과목 탐구(직업) : 성공적인 직업생활 + 5과목 중 택 1 제2외/한문 : 9과목 중 택 1
수능 절대평가	영어, 한국사	영어, 한국사	영어, 한국사, 제2외국어/한문
수능 EBS 연계율	70%(영어 일부 간접 연계)	70%(영어 일부 간접 연계)	50%(간접 연계 확대)
학생부 기재 개선	2019학년 고1 부터 적용(2022학년도 대입에 반영)		
자기소개서 개선	현행 서식	현행 서식	서식 간소화 및 개선
교사추천서 폐지	유지	유지	폐지
평가과정 투명화	다수 입학사정관 평가 권장 평가기준 공개 유도	다수 입학사정관 평가 권장 평가기준 공개 확대 유도	다수 입학사정관 평가 의무화 평가기준 공개 확대 유도 부정·비리 제재 근거법 규정 신설
선발 결과 공시	대학별 고교 유형별 합격자 수 공시	대학별 고교 유형별 합격자 수 공시	대학별 대입 전형별 고교 유형·지역별 합격자 수 공시
면접·구술고사	대학 자율	대학 자율(최소화 유도)	대학 자율(최소화 유도)
논술전형	단계적 폐지 유도	단계적 폐지 유도	단계적 폐지 유도
적성고사	대학 자율(최소화 유도)	대학 자율(최소화 유도)	폐지

〈학교생활기록부 기재 개선 비교표〉

순	항목		현행	개선
1	인적사항		학생 정보, 가족상황(부모성명, 생년월일), 특기사항	학적사항과 통합 부모 정보(부모성명, 생년월일) 및 특기사항(가족변동사항) 삭제
2	학적사항		졸업연월일, 학교명, 검정고시 합격 정보 등	인적사항과 통합
3	출결상황		질병·무단·기타	질병·미인정·기타 ※ '무단' → '미인정'
4	수상경력		수상명, 등급(위), 수상연월일, 수여기관명, 참가대상(참가인원) 입력	상급학교 진학 시 제공하는 수상경력 개수 제한
5	자격증 및 인증 취득상황(고)		대입 자료로 제공	대입 자료로 미제공
6	진로희망사항		진로희망, 희망사유 입력	항목 삭제 학생의 진로희망은 창체 진로 활동 특기사항에 기재(대입 미제공)
7	창의적 체험 활동 상황	봉사 활동	실적 및 특기사항 기재	봉사활동 특기사항 미기재(필요시 행동특성 및 종합의견란에 특기사항 기재 가능)
		동아리 활동	(자율동아리) 자율동아리명, 활동내용 등을 특기사항란에 기재	가입 제한은 두지 않되 기재 가능 동아리 개수를 제한(학년당 1개)하고, 객관적으로 확인 가능한 사항(동아리명, 동아리 소개)만 기재
			(소논문) 동아리, 교과세특란에(논문명, 참여시간, 참여인원) 기재	소논문 기재 금지
			(청소년단체) 교육과정에 편성된 청소년단체, 학교교육 계획에 포함된 청소년단체, 학교 밖 청소년단체 활동 모두 기재(단체명, 활동내용)	교육과정에 편성된 청소년단체(단체명, 활동내용 모두 기재) 학교교육 계획에 따른 청소년단체 활동(단체명만 기재) 학교 밖 청소년단체 활동(미기재)
			(학교스포츠클럽 활동) 구체적 활동내용* 기재 * 포지션, 대회출전경력, 역할, 특성 등	학교스포츠클럽 활동 기재 간소화 ※ 정규 교육과정 내 : 개인 특성 중심 ※ 정규 교육과정 외 : 클럽명(시간)
		진로 활동	진로 관련 활동내용 및 상담내용 등 기재	진로활동 특기사항에 진로희망분야 기재 추가(대입 자료로 미제공)
		기재분량	특기사항 기재분량 : 3,000자	특기사항 기재분량 축소 : 1,700자
		누가기록	NEIS 활용 전산 기재·관리 원칙	누가기록 기재·관리 방법 시도 위임

8	교과학습 발달상황	(방과후학교) 방과후학교 활동(수강)내용 기재	방과후학교 활동(수강)내용 미기재
		(교과세특) 특기할 만한 사항이 있는 과목 및 학생에 한해 기재	현행 유지
9	자유학기 활동상황(중)	특기사항 입력	현행 유지
10	독서 활동상황(중·고)	제목과 저자만 입력	현행 유지
11	행동특성 및 종합의견	기재분량 : 1,000자 누가기록 나이스에서 관리	기재분량 축소 : 500자 누가기록 기재·관리 방법 시도 위임

2. 고교교육 혁신방향

가. 고교학점제 도입

◆ 고교학점제란?

– 진로와 적성에 따라 다양한 과목을 선택 이수하여 누적학점이 기준에 도달하면 졸업을 인정받는 교육과정 이수 운영 제도

◆ 고교학점제의 효과

– 학생선택권 보장
– 다양한 과목 개설
– 진로교육
– 학생 참여형 수업
– 교사 자율성과 전문성 보장
– 학생 성장 중심의 평가

◆ 고교학점제의 주요 내용

– 교육과정 : 이수단위를 학점으로 하여 학력(자격) 취득을 위한 총 이수학점, 필수·선택 이수학점 제시
– 평가제도 : 학점 취득을 위한 과목별 성취기준을 설정하고, 수업 중 이루어지는 교사별 평가, 과정 중심 평가 실시·평가 후 성취수준 미달 시 학업보충기회 제공
– 졸업제도 : 출석 일수를 기준으로 하는 학년단위 진급이나 졸업이 아닌 이수학점을 기준으로 졸업 요건 설정

2015 개정 교육과정은 학생의 진로와 학업 수요를 반영한 선택과목을 편성·운영하며 학교 간 공동 교육과정 등을 통해 학생의 과목 선택권을 최대한 보장할 수 있도록 설계되었는데, 이는 교육과정의 설계과정에서 이미 고교학점제 및 내신성취평가제 등을 염두에 둔 것이었다.

2015 개정 교육과정은 이미 2018학년도에 고등학교에 입학한 학생들부터 적용이 시작되었지만, 대입전형 개편안이 1년 유예되면서 실질적인 적용은 2019년부터 본격화된다고 볼 수 있다. 고교학점제 역시 전면 도입이 아닌 단계별 적용 로드맵이 새롭게 제시되면서 2019학년 고1 학생들부터 진로선택과목에 한하여 내신성취 평가의 성적을 대입전형 자료로 제공하는 방안이 결정되었다. 전면 도입이 아닌 진로선택과목에 한정한 점진적인 변화를 제시했지만, 이 결정은 2022 대입 개편안 내용 중 가장 큰 변화라고 볼 수 있다.

2022 대입 개편안의 내용에서 수시와 정시 비율을 따지는 것에 이목이 쏠렸지만, 실질적인 변화는 크지 않은 부분이었다. 반면 고교 내신에서 기존의 상대평가가 아

닌 성취도 평가 성적을 대입전형 자료로 제공하기 시작한 것은 일부 과목이라 하더라도 파격적인 변화를 시도한 것이어서 학생과 학부모 입장에서는 이를 정확하게 이해하고 전략적인 접근을 할 수 있어야 한다.

현재 중학교 학생들의 경우 수능에서 기하나 과II를 선택하는 것에 대한 고민보다 당장 고등학교에 진학한 이후 내신을 결정하는 교과 선택에 대한 이해를 위해 2015 개정 교육과정과 내신성취 평가제 등의 관련 내용을 잘 이해하여야 할 것이다.

〈고교학점제 시행 로드맵 및 이에 따른 예상 변화내용〉

학점제 정부 로드맵	적용 교육과정	2018 해당 학년	고입 대입 학년도	확정(굵은 글씨) 또는 예상되는 변화 내용
1단계 학점제 도입기반 마련	2015 개정 교육과정 현장 안착 (2018~2021년)	고1	2018	현재 대입 적용(수능 수학 범위만 바뀜)
			2021	학생부 글자 수 축소 적용 / 출결 용어 변경(미인정)
		중3	2019	
			2022	2022 대입 개편내용 모두 기본 적용
		중2	2020	진로선택과목 : 성취 평가제 적용
			2023	
		중1	2021	
			2024	
2단계 학점제 부분도입	2015 개정 교육과정 일부 개정 (2022~2024년)	초6	2022	2022 대입 개편내용 모두 기본 적용
			2025	※ 2015 개정 교육과정 일부 개정과정
		초5	2023	– (2018) 정책연구 → (2020) 일부 개정 고시 → (2022) 고1 적용
			2026	– 교육과정 일부 개정내용 적용(학점기준 설정)
		초4	2024	⇒ 이에 따른 대입제도 일부 수정 개편 가능성 있음
			2027	⇒ 학점제 확대에 따른 성취 평가제 확대 가능성 있음

3단계 학점제 본격시행	2022 개정 교육과정 적용 (2025년)	초3	2025 2028	※ 차기 교육과정 개정(학점제 전면실시 교육과정) - (2020) 개발 → (2022 상) 개정 고시 → (2025) 고1 적용 - 2022 개정 교육과정 : 학점제 전면실시 - 전면개방형 선택형 교육과정 가능성 높음 ⇒ 내신성취 평가제 전면실시 가능성 높음 ⇒ 수능 절대평가 실시 가능성 높음 ⇒ 종합 변형 비율 증가 가능성 높음

이번에 2022 대입제도 개편에서 함께 제시된 고교학점제, 교육과정 그리고 내신성취 평가제 등의 내용 변화는 2018년 초등학교 3학년 학생들이 고등학교 1학년에 진학하는 2025년에 비로소 완성된다. 따라서 이번에 제시된 고교교육 혁신방향이 일정대로 진행된다면 현재 초등학교 학생들 또한 앞으로의 중등 교육과정이 어떻게 바뀌게 되는지 관심을 가질 필요가 있다.

2단계 과정에서는 고교학점제의 안착을 위한 과도기로 2015 개정 교육과정을 일부 개편하게 되는데, 구체적인 사항은 정해지지 않았지만 교육과정 개편내용에 따라 대입제도나 내신성취 평가제 등은 과도기 성격에 맞게 일부 수정될 가능성이 있다. 따라서 결국 고교학점제가 전면 실시될 2025년까지 교육과정이 어떻게 바뀌어 나갈지 과도기 단계에서의 변화의 폭은 이후 진행되는 상황을 더 지켜보아야 할 것이다.

고교교육 혁신방향으로서 고교학점제가 완성되는 3단계의 내용을 보면 미래의 4차 산업혁명 시대를 대비하는 국가의 교육방향이 어느 방향을 향하고 있는지 쉽게 알 수 있다. 속도는 바뀔 수도 있겠지만 마치 개화기에 무수한 반대에도 불구하고 서양의 문물을 막아낼 수 없었던 것처럼, 결국 교육도 사회 변화의 방향을 거스르기 어려울 수 있다는 것을 보여 주고 있다.

'어떤 과목을 선택해야 대학을 잘 갈 것인가?'에 초점을 맞추기보다는 '학생이 스스로 선택하는 것'에 초점을 맞추는 게 이 제도 개편의 가장 기본적인 방향임을 이해하고, 학생이 스스로 무엇인가를 할 수 있도록 옆에서 돕는 것이야말로 앞으로의 대입뿐만 아니라 학생을 미래 인재로 길러내는 중요한 포인트가 될 것이다.

〈내신성취 평가제 개선내용〉

◆ (2019년~) 진로선택과목 성취도(2019, 고1 대상)를 대입전형 자료(2022학년도)로 제공

※ 진로선택과목 : 3년 동안 3개 과목 이상 이수(고전 읽기, 경제수학, 여행 지리 등)

※ 대입 정보 제공안 : 석차등급 및 표준편차 미제공(원점수, 평균, 성취도, 수강자 수 제공)

학교생활기록부(현행)						학교생활기록부(개선)				
과목	단위 수	원점수/ 과목평균 (표준편차)	성취도 (수강자 수)	석차 등급	▶	과목	단위 수	원점수/ 과목평균	성취도 (수강자 수)	성취수준 학생 비율
고전 읽기	4	95/70(10)	A(532)	1		고전 읽기	4	95/70	A(532)	A(32.4%) B(30.9%) C(36.7%)

◆ (2025년~) 모든 과목 성취도를 대입전형 자료로 제공

(선택)과목 재구조화 등 학생별 맞춤형 교육과정 전면개정(2025, 고1 대상)

당장 2019년 고1부터 순차적으로 적용될 내용은 진로선택과목의 성취도가 대입에 반영되는 것이다. 물론 기존의 상대평가 교과 성적이 존재하고 있기 때문에 성취도 평가 몇 과목의 성적은 평가 반영의 비중이 떨어질 수도 있다. 그러나 학생부종합전형의 경우 전공적합성 측면에서 볼 때 진로선택과목이 성취평가 성적이라 하여 완전히 무시할 수만도 없을 것이다.

일반선택 교과와 달리 경쟁 없이 성취도로 성적을 받을 수 있는 진로선택과목은 자사고나 특목고 등 기존에 내신이 불리했던 학교들에서 내신 경쟁을 완화해 줄 요소로 작용할 수도 있다. 기존에 단순히 이수 여부만을 표시하는 성적인 'P'가 아닌 성취도 성적이 'A~E'까지 구분되어 표시되므로 성적의 차이가 존재하기 때문에 단순히 무시되거나 하지는 않을 것이다.

다만, 진로선택과목의 개수는 역시 제한적일 것이고 여전히 내신 성적은 경쟁으로 구분하는 상대평가 과목이 대부분이기 때문에 과도기인 학점제 로드맵 1~2단계에서는 자사고나 특목고가 성취도 평가의 혜택을 크게 누리기는 쉽지 않아 보인다.

나. 고교체제 개편

1단계	고입제도 개선 (2017~2019년)	※ 초중등교육법 시행령 개정 (2017년 12월) ※ 고입 동시 실시 (2018년 하) - 자사고·외고·국제고의 선발 시기를 후기로 변경 → 일반고와 고입 동시 시행 목적 → 자사고·외고·국제고와 일반고의 후기전형 실시 (2018년 12월) → 자사고·외고·국제고 합격자 발표 (2019년 1월 4일) → 일반고 통합배정 (2019년 1~2월)
2단계	단계적 전환 (2018~2020년)	※ 공정하고 엄정한 운영성과 평가 - 성과 평가 대상학교 : (2019) 24개교 → (2020) 54개교 → (2022) 2개교 ※ 일반고 전환 학교에 대한 행·재정적 지원
3단계	고교체제 개편 (2020년~)	※ 대국민 의견 수렴 후 추진 예정 (2020년 하반기에 개편 방안 마련)

1단계의 고입제도 개선은 이미 2017년 초중등교육법 시행령 개정을 통해 시작된 단계이다. 그 결과로 2018년 중3 학생들이 고등학교에 진학하는 2019학년도 고입부터 자사고·외고·국제고는 후기로 전환되어 일반고와 고입을 동시에 시행하도록 하였다. 이는 자사고·외고·국제고 지원과 원하는 일반고 배정 둘 중 하나를 선택하라는 무언의 압박이었고 영재고·과학고 등을 제외한 고교체제를 일반고 중심으로 개편하겠다는 의지의 반영이었다. 여기까지가 위 표에 제시된 1단계였다.

그러나 헌법재판소의 헌법소원 가처분 결정에 따라 자사고·외고·국제고 등의 지원자가 희망하는 경우 평준화 지역 일반고에도 다시 지원할 기회를 부여하도록 함으로써 결국 평준화 지역에서 일반고와의 고입 동시 실시는 원래의 목적을 대부분 상실하게 되었다.

오히려 전기전형에서 영재고·과학고·예고·체고 등에 지원한 학생들이 이전에는 동시 지원이 불가능했던 자사고·외고·국제고가 후기전형으로 이동함에 따라 한 번 더 지원할 기회를 얻게 되었으며, 자사고·외고·국제고에 다시 한 번 불합격한다 하더라도 평준화 지역에서는 일반고 2단계 전형부터 비교적 안정적인 배정을 다시 받을 수 있게 되었기 때문에 이번에 시행되는 고입전형은 실질적으로 보았을 때 전기, 중기, 후기의 3단계 전형으로 바뀌었다고도 볼 수 있다. 이는 사실 고교체제 개편이 일반고 방향으로 학생을 유도하기보다는 특목고·자사고 등에 지원하는 학생들에게 더 유리한 방향으로 움직였다고 볼 수 있는 상황이다.

따라서 2019학년도의 고입은 전기모집에 위치한 영재고·과학고 등의 경쟁률이 매우 높아질 것으로 예상한다. 특히, 2022 대입제도 개편의 방향이 현재보다 정시전형 확대의 방향으로 발표되면서 자사고 지원에 대한 관심은 더 높아질 수밖에 없다. 또한, 학생부종합전형에서 학교의 프로그램이 중요하다는 인식이 강한 상황에서 특목고·자사고에 대한 관심은 더 높아지고 있다.

2단계의 발표내용을 보면 자사고 등의 운영성과를 평가하여 단계적으로 일반고로의 전환을 유도한다고 되어있는데, 이는 기존에도 이미 시행되고 있었던 부분이며 3단계의 내용처럼 2020년 하반기에 개편 방안을 마련한다면 최소한 2018년 중1 학생이 고입을 할 때까지는 개편 방안은 결국 적용될 수 없을 것으로 보인다.

3. 2022학년도 대입제도 개편 방안 한 바닥 정리

01 　　2022학년도 대학입학제도 개편 방안

- **대학의 정시 수능 위주 전형 비율이 30% 이상으로 확대될 수 있도록 권고**

- **수능 최저학력기준 활용 여부는 대학 자율**

- **수능 과목 구조 및 출제 범위 결정**

  - 국어·수학·직업탐구를 공통 + 선택형 구조로 개편
  - 사회/과학탐구 자유롭게 2과목 선택 가능
  - 기하, 과학II 과목 출제
  - 영어/한국사는 절대평가 유지, 제2외국어/한문은 절대평가 실시

- **수능 EBS 연계율 70% →50%로 축소, 간접 연계로 전환**

- **고교 학생부 기재 개선**

  - 인적, 학적사항 통합
  - 수상경력 학기당 1개 이내(총 6개까지 제공 가능)
  - 자율동아리 학년당 1개만 간단히 기재
  - 소논문(R&E) 모든 항목에 미기재
  - 봉사 활동 특기사항 삭제
  - 방과후학교 활동 미기재
  - 창의적 체험 활동 특기사항 기재분량 감축 → 자율 활동(500자), 진로 활동(700자)

- **대학의 선발 투명성 제고**

  - 자기소개서 1번과 2번 문항 통합(1,500자), 3번과 4번 문항 글자 수 축소(각 800자)
  - 교사추천서 폐지

- **면접·구술고사 개선**

  - 학생부 기반 맞춤형 확인면접 지향
  - 블라인드면접 도입

- **수시 적성고사 폐지, 논술전형 단계적 폐지 유도**

02 　고교교육 혁신방향

■ 고교학점제 도입

－ 1단계 : 2018~2021년 학점제 도입기반 마련(2015 개정 교육과정 현장 안착)
　　　 '진로선택과목' 성취도(2019년 고1 대상) 대입전형 자료(2022학년도) 제공
－ 2단계 : 2022~2024년 학점제 부분 도입(2015 개정 교육과정 일부 개정)
－ 3단계 : 2025년~ 학점제 본격 시행(차기 교육과정 적용)

■ 고교체제 개편

－ 1단계 : 2017~2019년 고입제도 개선(자사고, 외고, 국제고 선발 시기 후기로 변경)
－ 2단계 : 2018~2020년 성과 평가를 통한 일반고로 단계적 전환 유도
－ 3단계 : 2020년 이후 고교체제 개편